Krippenspiele und Weihnachtsstücke

Lorenz Wieland

Die schönsten Krippenspiele und Weihnachtsstücke

Texte und Inszenierungen

FALKEN TaschenBuch

Zum gleichen Thema sind im FALKEN TaschenBuch bereits erschienen:
Die schönsten Weihnachtslieder (60460)
Die schönsten Weihnachtsgeschichten für Kinder (60462)
Unsere schönsten Weihnachtsgedichte (60496)
Sie sind überall dort erhältlich, wo es Bücher gibt.

Der Text dieses Buches entspricht den Regeln
der neuen deutschen Rechtschreibung.

Dieses Buch wurde auf chlorfrei gebleichtem
und säurefreiem Papier gedruckt.

Originalausgabe
ISBN 3 635 60459 3

Umschlaggestaltung: Zembsch' Werkstatt, München
Redaktion: Marlies Ferber, Hagen/Falk Steins
Herstellung: Torsten Hellbusch
Titelbild: Gerard van Honthorst: „Anbetung der Hirten"
Zeichnungen: Peter Beckhaus, Mainz
Satz: FALKEN Verlag, Niedernhausen/Ts.
Druck: Freiburger Graphische Betriebe GmbH, Freiburg

817 2635 4453 6271

Inhalt

Einführung

Mit dem Weihnachtsfest haben wir's nicht immer leicht: Viel zu sehr sind die Wochen vor Weihnachten von Geschenkerummel und der Hektik um Weihnachtsbraten und Baumschmuck bestimmt. Und obwohl uns Werbung und Medien schon seit Anfang November auf das bevorstehende Ereignis vorbereiten wollen, ist die Gefahr groß, dass wir an diesen Tagen gar nicht bis zur eigentlichen weihnachtlichen Botschaft vordringen.

Vor allem Kinder werden oft durch die Vielzahl der zu erwartenden Geschenke vom Weihnachtsereignis abgelenkt. Vielleicht ist das auch ein Grund, warum in vielen Ländern nicht das Christkind am Heiligabend, sondern der Nikolaus die Geschenke bereits am 6. Dezember „bringt".

Die Vorbereitung auf Weihnachten, die Adventszeit, ist eigentlich eine ruhige und besinnliche Zeit. Sie steht ganz im Zeichen der stillen Erwartung des Weihnachtsfestes. Nun ist schon sehr deutlich zu spüren, wie es schon früh am Nachmittag dunkel wird und wie der Winter allmählich Einzug hält. Der Witterung halber können die Kinder oft nicht lange draußen spielen. Und so gibt es viele überschüssige Kräfte und auch meistens genügend verfügbare Zeit, um ein Krippenspiel einzustudieren.

Sie werden vermutlich überrascht sein, wie gut sich gerade das Theaterspielen als Einstimmung auf die Weihnachtszeit eignet – nicht nur für die Kinder, sondern auch für die Erwachsenen, die das Spiel begleiten. In einem Weihnachtsspiel wird die Theatervorstellung zu einer festlichen Aufführung. Es ist erstaunlich, aber erfahrungsgemäß empfinden viele Kinder das Spiel später als eigentlichen Höhepunkt der Festeszeit.

Die Aufführung

Es gibt viele Gelegenheiten, ein Weihnachtspiel aufzuführen. Man kann dazu einladen, es gibt aber auch etliche Möglichkeiten, in Kirchen, Altenheimen oder Kinderkliniken zu spielen, wenn man rechtzeitig mit diesen Stätten in Verbindung tritt. Ebenso kann man einen Elternabend oder eine

Schulstunde (zu dem die anderen Klassen eingeladen werden) auf diese Weise bestreiten, und manchmal ist es sogar möglich, das Krippenspiel am Heiligabend in oder vor der Kirche zu spielen.

Für ein Krippenspiel brauchen Sie normalerweise nicht notwendigerweise viele Requisiten. Auch das Bühnenbild ist schnell erstellt. Für das erste Mal kann man sich Kostüme, Krippe und Stern unter Umständen in einem Kindergarten, in einer Schule oder vielleicht auch bei der Kirche ausleihen. Doch selbst wenn die Ausstattung zunächst noch ein wenig kärglich scheint, so ist das nicht schlimm: Es kommt ja nicht so sehr auf den äußeren „Schmuck“ an …

Die Beleuchtung

Bei den Krippenspielen im üblichen Sinne ist eine hell ausgeleuchtete Bühne nicht wichtig. Es ist sogar sehr reizvoll, wenn mit Kerzen oder Teelichtern beleuchtet wird, die Sie im Kreis aufstellen können. Achten Sie auf eine feuerfeste Unterlage und auch darauf, dass die Kerzen nicht während des Spiels umgestoßen werden können.

Auch mit einer größeren Anzahl von Kerzen werden Sie aber niemals eine so hell erleuchtete Bühne wie mit einem Scheinwerfer bekommen. Für ein Krippenspiel macht das aber gar nichts: Das Spiel wird dann einfach im Dämmerlicht aufgeführt. Auf normale Zimmerbeleuchtung sollten Sie verzichten. Besonders Leuchtstoffröhren sind für eine gemütliche, feierliche Atmosphäre überhaupt nicht geeignet.

Bei jenen Stücken, bei denen nicht die biblische Geschichte im Vordergrund steht, sollten Sie aber auf die Unterstützung durch Bühne, Licht und Requisiten nicht verzichten.

Sie können zu diesem Zweck Bühnenlichter ausleihen. Wenn Sie keinen Lichtverleih kennen, fragen Sie am besten beim nächsten Theater nach Kontaktadressen oder suchen im Branchenbuch unter „PA-Verleih“.

Sinnvoll sind vier Scheinwerfer à 500 Watt, verteilt auf zwei etwa 2,40 m hohen Stativen. Beleuchten Sie möglichst über Kreuz, damit der „Blendeffekt“ reduziert wird.

Die Proben

Das Stück wird zunächst vorgelesen und dann einmal nachgestellt, ohne dass der Text dann schon beherrscht werden muss. Durch die Wiederholungen lernen die Kinder die Texte allmählich fast von allein. „Weiße Stellen" im Text, also solche, die den Spielern immer wieder entfallen, lassen sich besser merken, wenn sie mit besonderen Gesten oder Handlungen verbunden werden. Hilft das alles nichts, muss eben auswendig gelernt werden. Sie werden überrascht sein, dass im zweiten Jahr alle Kinder ihre Texte und meist auch noch die der anderen auswendig können. Es lohnt sich also, ein Spiel im nächsten Jahr zu wiederholen.

Gereimte Texte kann man dabei übrigens besonders leicht behalten, weil sie einen Rhythmus vorgeben und sich die Zeilenenden ähneln.

Nun viel Spaß beim Spielen!

✶ Wichtiger Hinweis: Wenn Sie sich aus der Zahl der sechs in diesem Buch vorhandenen Krippenspiele und Weihnachtsstücke eines aussuchen, dann beachten Sie, dass es sich bei ihnen um Vorlagen handelt, die je nach Ihren Gegebenheiten ein wenig abgewandelt werden können.

Auch die Anzahl der Spieler, die vor jedem Stück angegeben wird, ist nur ein Richtwert und für Sie nicht unbedingt verbindlich. Durch das Weglassen von Rollen, durch das Umstellen und Zusammenfassen verschiedener Texte können Sie auch mit beträchtlich weniger Spielern auskommen oder umgekehrt sogar Ihren Spielerbestand „aufstocken", indem sie neue kleine Rollen hinzuerfinden.

Wie Sie das am besten machen, erfahren sie jeweils bei den Hinweisen, die jedem Spiel vorangestellt worden sind.

Und noch eines: Werden Sie nicht ungeduldig, wenn nicht alles gleich auf Anhieb so klappen sollte, wie Sie sich das eigentlich vorgestellt haben. Es gilt nach wie vor die alte Schauspielerregel: Geht die Generalprobe schief, wird die Premiere sicher gelingen …

Kleines Krippenspiel

✶ Über dieses Stück: Dieses kleine Krippenspiel eignet sich schon für Kindergartenkinder. Sein Vorteil ist, dass die Kinder selbst keinen Text auswendig lernen müssen. Ein Erwachsener oder auch ein schon größeres Kind wird den Text vorlesen oder – noch besser – auswendig aufsagen, und die Kinder spielen jeweils dazu.

✶ Die Aufführung dieses Krippenspiels dauert 5–10 Minuten.

✶ Ausstattung: Bühnenbild und Kostümvorschläge entnehmen Sie bitte dem „Großen Krippenspiel“ auf Seite 13.

✶ Personen:
Sprecher
Hirten
Schafe
Engel
Maria
Josef

✶ Hinweis: Bei diesem Stück können zwischen 7 und 20 Mitspieler dabei sein. Unter Umständen können die einzelnen Strophen von verschiedenen Sprechern vorgetragen werden.

Kleines Krippenspiel

Dunkel ist es auf der Welt,
und die Nacht ist eisig kalt.
Hirten stehen auf dem Feld
inmitten ihrer kleinen Herde,
warten, dass es Morgen werde,
doch der kommt noch nicht so bald.

(Einige Hirten treten mit ihren Schafen auf und bauen sich ein Lager.)

Schafe drängen dicht bei dicht,
dass der Wind sie nicht erwische,
und man sieht nur Sternenlicht.
Hirten sitzen um die Glut,
und sie achten darauf gut,
dass das Feuer nicht erlische.

(Schafe kommen hinzu. Die Hirten setzen sich um das Feuer.)

Ganz alleine sind sie nun,
einer steht nur und muss wachen,
und die andern können ruh'n,
können Schafsmilch weitergeben
oder sich dem Schlaf ergeben
oder andre Dinge machen …

(Einer der Hirten stellt sich auf und geht einige Schritte zur Seite, die anderen reichen ein Schälchen mit Milch herum und legen sich dann zum Schlafen.)

Da hellt sich das Dunkel,
fast scheint es zu tagen,
die Hirten, sie heben
den Kopf aus dem Kragen

und wundern sich mächtig
über das Licht –
und was sie dort sehen,
sie glauben's fast nicht.

(Die Engel treten langsam und würdevoll näher.)

Denn voll Engel steht die Luft,
und man hört sie alle singen,
und sie hören, wie es ruft:
„Hirten, ihr seid auserkoren:
Christkind ist euch heut geboren!"
Hör'n sie es vom Himmel klingen.

(Nun werden gleich die Hirten zu Boden fallen und sich dann ganz allmählich wieder aufrichten.)

Auf den Bauch und auf die Knie
fallen alle Hirten nieder.
Erst zittern, doch dann jubeln sie,
und dann eilen sie voll Freude
zu dem ärmlichen Gebäude –
alle Hirten, alle Brüder …

(Die Hirten eilen davon. Die Krippe wird aufgebaut. Sie steht schon in der Nähe, und so ist die Sprechpause nicht sehr lang. Notfalls helfen Erwachsene beim Aufbauen.)

Und in einer Krippe liegt
dort der kleine Gottessohn,
von Marien warm gewiegt.
Joseph steht zu ihrer Seite,
Ochs und Esel, alle beide,
sind in seiner Nähe schon.

Da beten die Hirten
und werden ganz stille
und rücken ganz nah
heran an die Fülle.
Sie haben Geschenke,
sie geben dem Kind,
obwohl sie doch nur
arme Schafhirten sind.

(Die Hirte geben Schaffelle, Schälchen mit Milch und was sie eben bei sich haben als Geschenk dahin.)

Maria schaut sie freundlich an,
und die Hirten gehen wieder,
weil die Herd' nicht warten kann.
Nicht alleine war'n die Schafe,
Engel haben sie bewacht.
In der ersten Heilig-Nacht
hüteten sie die Schaf' im Schlafe.

Als das Lager sie erreichen,
scheint es ihnen wie ein Traum,
doch sie finden viele Zeichen,
dass es wirklich ist gewesen,
was sie in der Nacht erlebten,
dass vor Freude sie erbebten,
und sie glauben's dennoch kaum.

Großes Krippenspiel

✶ Über dieses Stück: Die Suche von Maria und Josef nach einer Herberge und die Geburt des Jesuskindes stehen auch im Zentrum dieses Krippenspiels, das sich für Schulkinder gut eignet. Die drei Bettler, die am Anfang und am Ende des Stückes das Geschehen kommentieren, sorgen dabei, nicht zuletzt durch ihre Mundart, für ein auflockerndes Element.

✶ Die Aufführung dieses Krippenspiels dauert etwa 25–30 Minuten.

✶ Proben: Erfahrungsgemäß benötigen Sie etwa zehn bis zwölf Proben von etwa anderthalb Stunden. Dazu muss aber nicht immer die ganze Gruppe anwesend sein. Mit weniger Kindern erreichen Sie in kürzerer Zeit mehr.

✶ Die Bühne: Für dieses Krippenspiel braucht man keine besondere Bühne – es genügt ein freier Platz. Der sollte aber mindestens 4 m mal 6 m groß sein.

Es müssen für alle Mitspieler außer für die Darsteller der Bettler genügend Sitzgelegenheiten vorhanden sein. Das können Bierbänke, aber auch kleine Stühle aus einem Kindergarten sein, die man sich für diesen Zweck ausleiht.

Als Beleuchtung kann man auch eine Vielzahl von Kerzen anzünden, die kreisförmig um die Szene oder an verschiedenen Säulen (auch auf Holzklötzen) aufgestellt werden.

✶ Kostüme und Requisiten: Obwohl dieses Spiel von der Ausstattung her recht unaufwendig ist, können Sie natürlich auch hier beträchtlich mehr Arbeit investieren: Da sind Kleider für die Engel zu nähen – am besten mit einem Goldrand an Saum und Ärmel und einem Reif aus goldener Metallfolie um den Kopf, die sich mit zwei Büroklammern größer oder kleiner stellen lassen.

Sicher gibt es aber im Kreis der Eltern solche, die sich freuen und Ihnen gerne bei den Vorbereitungen helfen. Wenn man eine Krippe nicht selber zimmert, kann man sie sich ausleihen, und ein paar Holzscheite für das Lagerfeuer der Hirten kann man sicher einige der Kinder von zu Hause mitbringen lassen.

Wichtigstes Requisit für dieses Krippenspiel ist der große Fünfstern, den der Sternträger an einer langen Stange mit sich führt. Der Fünfstern ist aus einer 2–5 mm dicken Holzplatte gesägt, mit Goldfolie beklebt und an einem langen Stab (Besenstiel, gibt's im Haushaltswarengeschäft) befestigt. Wie der Name schon sagt, besteht der Fünfstern aus einem Stern, der fünf Zacken hat. Man nennt diesen Stern auch Pentagramm.

Besonders schön anzusehen – und für das Ende dieses Spieles wichtig – sind die langen Strahlen des Sterns – an einem am oberen Teil des Stabes befestigten Kreis aus Holz oder Metall (Deckel einer Keksdose) hängt in langen Streifen Goldband herunter. Beim Abschlusslied fasst jeder, der um die Krippe steht, einen Strahl, und auf diese Weise entsteht ein wunderschönes Strahlenzelt!

Es ist für die Aufführung von Vorteil, wenn die Bettler in einer Mundart sprechen – dies unterscheidet sie von allen anderen Rollen und hebt sie deutlich von den anderen Spielern ab. In unserem Falle ist es ein schwäbischer Dialekt – aber sicher gelingt es dem Spielleiter in Zusammenarbeit mit den Kindern auch, die Texte der Bettler in die Zungenfärbung der eigenen Region zu übertragen.

Josef braucht ein langes braunes Gewand und eine violette Schärpe. In einer Hand trägt er einen langen Stab. Falls vorhanden, hält er in seiner anderen Hand eine Petroleumlampe.

Maria benötigt unbedingt ein rotes Kleid und einen blauen Umhang.

Für die Bettler drapieren Sie Jute- und Stoffreste, je abgerissener sie aussehen, umso besser. Kopfbänder dürfen nicht vergessen werden.

Die Wirte haben da schon bessere Kleidung: Sie tragen Schürzen über weißen Hemden und Westen.

Die reichen Herren haben dicke Bäuche (mit Kissen gestopft, mit Gürteln gehalten).

Die Hirten tragen Schaffelle und gürten sich mit Hanfschnüren oder Lederstreifen. Färbt man elastische Binden ein (orange oder braun), hat man gute Wickelgamaschen, die die Hirten gegen die Kälte um die Waden herum tragen.

✶ Musik: Für das Krippenspiel ist Musik nicht unwichtig. Der Einzug der Spielleute wird feierlicher, die Lieder klingen schöner, und außerdem können die alten Weihnachtslieder gut eingebaut werden.

Fragen Sie Eltern oder sprechen Sie eine Musikschule in Ihrer Nähe an. Ist eine musikalische Begleitung nicht möglich, so können die Ankündigungsengel mit Zimbeln, Glöckchen und Triangel auch selber spielen.

✶ Personen:

1. Sternträger
2. Vorsprecher
3. Erster Wirt
4. Zweiter Wirt
5. Dritter Wirt
6. Diener
7. Mattheis
8. Jakob
9. Henkel
10. Der stumme Eliat
11. Verkündigungsengel
12. Maria
13. Josef
14. Erster Reicher
15. Zweiter Reicher
16. Dritter Reicher

Außerdem: drei Bettler

✶ Hinweis: Wenn Sie mehr Spieler haben, als für dieses Spiel verlangt wird, teilen Sie die einzelnen Szenen am besten durch Auftritte von Engeln, die jeweils einen Zweizeiler vortragen, der beispielsweise den jeweiligen Ort des Geschehens bezeichnet. Zudem können sich mehrere Kinder die Rolle des Verkündigungsengels teilen.

Wenn Sie weniger Spieler haben, dann können Sie die reichen Herren, den stummen Eliat oder sogar den Diener streichen. Sie können auch, durch Umverteilung des Textes, aus drei Gastwirten zwei werden lassen.

Großes Krippenspiel

(Zunächst ziehen die Spielleute zur Musik durch den Aufführungsraum und suchen ihre Plätze im Halbkreis auf. Auf ein Zeichen des Verkündigungsengels setzen sich alle auf ihre vorgesehenen Plätze. Dann kommen die Bettler hereingeeilt. Sie konnten einfach nicht schnell genug laufen, um rechtzeitig im Spielkreis zu sein. Nun finden sie auf den Bänken keinen Platz mehr und müssen sich auf den Boden setzen.)

Buckliger Bettler: Schnell, schnell, sonscht komm mir z'schpät …

Lahmer Bettler: Du woisch doch, i kann net so schnell …
I hann's doch am Fuaß.

Blinder Bettler: On i seh nemme so gut …

(Sie kommen in der Kreismitte an.)

Lahmer Bettler: So, aber jetzt hemmer's geschafft …

Blinder Bettler: *(schaut sich um)* On wo solle mir jetzt no? Älle Plätz senn scho bsetzt.

Buckliger Bettler: Irgendwo uf den Boda nohocka – on ruhig sei, damit's afangen kann …

(Die Bettler setzen sich. Der Sternträger-Engel tritt hervor und singt das Begrüßungslied. Zum Zeichen seiner Würde erhebt er beim Singen eine Hand. Wahlweise kann der Text auch gesprochen werden.)

Sternträger: Sei gegrüßt heil'ger Himmel, o Herr in den Höh'n,
den ewig die Kreise der Engel umzieh'n,
zuerst woll'n wir uns Deinen Segen erfleh'n.
Unser Wohl ist Deine Gnad,

wohl dem, der solchen Segen hat,
den wollen wir zuerst erbitten,
diesem Krippenspiel zumitten.

(Die Bettler treten staunend hervor.)

Buckliger Bettler: Hosch's des gehört?

Lahmer Bettler: Ja, d'Engel henn gsonga!

Blinder Bettler: Do wird eim ganz andersch!

Lahmer Bettler: I hann gar net älles verschtanda!

Blinder Bettler: Des musch du au net: Du bisch ja bloß an lahmer Bettler, der ned richtig laufa kann. Aber Engel – des senn fei ganz andre Leut. Die senn net lahm, die könnet sogar fliega.

Buckliger Bettler: Schtill jetzt – do kommet welche.

Lahmer Bettler: Engel?

Buckliger Bettler: Gar net. Des senn die Gaschtwirte. Die kenn i. Aber in ihr Haus neiglassa, des hat mi no nie oiner. Engel senn des keine.

1. Szene: Die Gastwirte

(Die Gastwirte treten auf.)

Gastwirt Michel: Glückauf, ihr zwei, ich sah euch steh'n,
möcht gern ein Stückchen mit euch geh'n.

Gastwirt Kalle: Viel fremdes Volk ist in der Stadt …
Wie schön, dass man Bekannte hat …

Gastwirt Michel: Der Vorteil wiegt den Nachteil auf:
Hab' viel zu tun und Gäst' zuhauf!

Gastwirt Utz: Man sag' zur Schätzung was man will,
doch als Geschäftsmann schweigt man still,
der Grund liegt hier, da klingelt Geld …

(Er klopft auf seinen Beutel. Aber die anderen haben genauso dicke Geldbörsen.)

Gastwirt Michel: So ist es überall bestellt …

Gastwirt Kalle: Zur Zählung schickt des Kaisers Wort
jeden an der Ahnen Ort.
So gehen viele, reiten, fahren,
dorthin, wo ihre Väter waren.

Gastwirt Kalle: Die Zählung lässt die Menschen reisen:
Wer reist, muss ruh'n und muss auch speisen,
und grade deshalb gibt's den Wirt.

Gastwirt Utz: Der darum auch ein Gasthaus führt!

(Er schaut sich um und bemerkt, dass es langsam dunkel wird.)

Es dämmert schon, ich muss mich eilen,
dem Gast die Speisen auszuteilen
und an der Tür ein Lämplein zünden.
Mir ist als würd' ein hoher Herr
den Weg heut' zu mir finden …

(Die Gastwirte gehen ab und setzen sich wieder auf ihre Plätze.)

(Lied der reichen Reisenden)

Alle Reisenden:	Wir sind drei reiche Herren und kommen aus dem Abendland. Wir wurden hergetragen durch Matsch und Staub und Sand. Wir sind drei reiche Herren und haben sehr viel gutes Geld. Drum können wir auch kaufen was uns nur gefällt.
Lahmer Bettler:	Des senn fei reiche Pinkel. Die drei haben sich den ganzen Weg bis hierher nach Bethlehem tragen lassen.
1. Reicher:	Ich bin müde …
2. Reicher:	Ich bin matt …
3. Reicher:	… und ich hab' das Reisen satt!
1. Reicher:	Hat man Geld und gibt es aus, ist man überall zu Haus!
Gastwirt Kalle:	Dort sieh': Du musst nicht ewig warten, da kommen von den langen Fahrten drei reiche Herren schon daher.
Gastwirt Michel:	Das zu erkennen ist nicht schwer: In der Höhe schwebt das Haupt, und das Kinn – und überhaupt – sie sehen mit den Bäuchen aus wie mit 'nem Rucksack vorneraus!

(Sie verbeugen sich vor den dreien und führen sie zu der Gaststube ab. Nun treten der Gastwirt Utz und sein Diener auf.)

Diener: Könnt ihr's merken, soll ich's sagen?
Habe ziemlich viel zu tragen!
Wär's zur Leichterung nicht nett
wenn ich schon was 'gessen hätt'?

Gastwirt Utz: Dummer Kerl, du tätest besser
statt mit Löffel, Gabel, Messer
oder mit den bloßen Fingern
alle Speisen wegzuschlingern,
tät'st du was für deinen Kopf!

(Er stößt ihn.)

Diener: *(sich bedauernd zu sich selber)*
Was bin ich für ein armer Tropf!
Könnt' die Brote, muss ich sagen,
leichter hier im Magen tragen …

Buckliger Bettler: Eine milde Gabe …

Lahmer Bettler: S' dürft au notfalls a Stückle Brot sei …

(Der Diener gibt von seinem Brot ab.)

Alle Bettler: Vergelt's euch Gott!

(Wirt und Diener gehen wieder ab. Maria und Josef treten auf.)

Maria: Josef, ist uns denn zur Nacht
auch Kämmerlein gemacht?
Du sagtest mir: In Bethlehem

machen wir es uns bequem.
Ist ein Kämmerlein gemacht
in der dunklen kalten Nacht?

Josef: Wohl jeder auf der Welt ermisst,
wie schwer die Last zu tragen ist …
Wird dich einer so erblicken,
wird er kaum dich von sich schicken …

(Er klopft mit dem Stab auf den Boden. Der Wirt Michel tritt auf.)

Wirt Michel: Wer klopft so spät noch an mein Tor
und poltert lärmend noch davor?

Josef: Ich stehe leise, klopfte sacht:
Habt ihr uns ein Bett zur Nacht?

Wirt Michel: Nicht für Gut und nicht für Geld
und alle Herrlichkeit der Welt!
Alle Zimmer sind vergeben,
drum fraget in dem Haus daneben!

(Er geht ab.)

Maria: Josef, Josef, sag' mir fein,
wo soll dann unser Lager sein?

Josef: Bleibe hier und ruh' dich aus,
ich find' uns schon zur Nacht ein Haus …

(Er klopft beim nächsten Wirt.)

Wirt Kalle: Wer weiß nicht, was sich hier gehört,
dass man des Nachts nicht Ruhe stört?

Josef: Ich wollt' die Ruh' der Nacht nicht stehlen,
ich will bei euch ein Zimmer wählen …

Wirt Kalle: Ich seh' die Frau bekommt ein Kind.
Bei uns erlauchte Gäste sind,
die müssen dann das Schreien hören.
Ich darf die Ruh' der Gäst' nicht stören,
ich kann nichts tun – so ist es eben,
drum fraget in dem Haus daneben …

Maria: Josef, Josef, ist's noch weit?
Ist keine Stätte uns bereit?

Josef: Will in dem Gasthaus dort noch fragen,
musst dich nicht mehr lange plagen …

(Er klopft an die Tür.)

Wirt Utz: *(reibt sich die Hände)*
Habe viele Stund' gewart'
und ein Zimmer aufgespart
für den hohen Herren, der
dieses Weges käm' daher.

Josef: Ihr seid die letzte Rettung mir
und meiner schwang'ren Frau dahier.

Wirt Utz: Das kann ein hoher Herr nie sein,
die Kleider grob und gar nicht fein,
wie man den hohen Herrn beschreibt.
Was kümmert mich es, wo ihr bleibt!

(Er geht ab. Doch da kommt der Diener von Gastwirt Utz und winkt Josef zu.)

Diener: Muss durch meines Herrn Entscheiden
selber öfters Nöte leiden.
Doch dort draußen auf dem Felde
findet ihr, ganz nah, in Bälde,
einen Stall auf freier Flur –
zaget nicht und gehet nur!

(Maria und Josef gehen ab. Die drei Bettler stehen auf und begeben sich in die Mitte des Spielraums.)

Buckliger Bettler: Hosch des gesehä?

Lahmer Bettler: Die zwei, die tun mir so leid!

Blinder Bettler: Die sen ja no ärmer dran wie mir ...

Lahmer Bettler: Ja, die zwei senn ganz allei – aber mir hen wenigschtens ons ...

(Sie umarmen sich voll Freude.)

Blinder Bettler: Des isch wahr!

2. Szene: Die Hirten auf dem Felde

(Die Hirten sammeln sich um ein Lagerfeuer auf dem Felde. Mittlerweile ist es ganz dunkel geworden. Es ist kalt.)

Hirtenlied: *(eventuell im Sprechgesang)*
Und die Hirten auf dem Felde
tragen Felle gegen Kälte,
und sie sammeln ihre Schafe,
und sie meiden auch den Schlaf,

und ein Hirt, der steht auf Wache,
dass am Morgen fehlt kein Schaf,
und ein Hirt, der steht auf Wache,
dass am Morgen fehlt kein Schaf.

Und sie treffen sich am Feuer
zwischen Steinen und Gemäuer,
junge Schäfer, alte Hirten,
dass die Nacht erträglich wird.
Und sie singen und sie spielen
alte Weisen unbeirrt,
und sie singen und sie spielen
alte Weisen unbeirrt.

Mattheis: Holla! Holla, ruf' ich wieder …
Wo seid ihr Hirten?! Wo, ihr Brüder!?
Ob sie durch das Dunkel irren?
Ach, mein stummer Eliat,
ich fühl' mich kalt – auch bin ich matt.
(Laut:) Holla! Rufe ich noch einmal um!

Jakob: *(aus dem Versteck)*
Hier bin ich doch, schau nur herum!

(Eliat zeigt auf das Gebüsch.)

Mattheis: *(sich anschleichend)*
Aah. Und wo? Dort grad' in den Hecken?

Henkel: Schau doch hier!

(Eliat zeigt wieder auf das Gebüsch. Diesmal auf der anderen Bühnenseite.)

Mattheis: Ach, was müsst ihr euch verstecken?
Nun ist schon spät, der Tag war lang,
mir sind die Glieder schwer.
Das Kinderspiel macht mir nicht bang:
Na los! Heraus! Kommt her!

Jakob: Ei, Mattheis, hier bin ich. Warum schon so krumm!?

Mattheis: Hei, Jakob, nur langsam, sonst blas' ich dich um!
Jetzt fehlt von uns nur Henkel noch ...

(Henkel stibitzt Mattheis die Mütze, ohne dass dieser es bemerkt.)

Henkel: Grad' hinter dir, da steht er doch!
Und diese Mütze in der Hand,
die ist dir sicher gut bekannt!

Jakob: Spar deine Puste dir für's Feuer,
es ist so kalt und windig heuer ...

Mattheis: Es stimmt: Wie heute habe ich wohl
nur selten noch gefroren.
Drum bleibt die Mütze wo sie war,
hier zwischen beiden Ohren.
Genug davon, holt Holz herbei
und scharrt die Feuerstelle frei ...

Jakob: Und jetzt sagt an, was nun?

Henkel: Ist denn schon Zeit zu ruh'n?
Denn leg' ich mich bequemer hin,
merk' ich, wie ich müde bin ...

Mattheis: Und was, wenn liegen wir so fest im Schlaf
am Morgen dann uns fehlt ein Schaf?

Jakob: Ein Löw', ein Bär, ein wildes Tier?
An was hast du gedacht?

Henkel: Von alldem ist doch keines hier
in dieser dunklen Nacht.

Jakob: Sorgst du vielleicht, dass hier ein and'rer
Mensch, da Hab' und Gut verwaiste,
als ein räuberischer Wand'rer
zum Stehlen unsrer Schafe reiste?

Henkel: Es fand sich davon keine Spur ...

Mattheis: Ich weiß es nicht, ich sorge nur ...
Es folgt, seitdem die Zählung ist,
manch einer grade jetzt mit List
einem räuberischen Trieb!

Henkel: Ein Herdenräuber?

Jakob: Ein Schafedieb?

Mattheis: Nichts and'res habe ich gemeint,
drum lasst uns heute Nacht vereint
die Ohren offen halten,
trotz dem Wind, dem kalten!
Und der stumme Eliat,
der die besten Ohren hat,
auch wenn er kein Wort sprechen kann,
sei der erste Wächtersmann.

Jakob: Wie soll denn dann, frag' ich, die Zeit
bis morgen früh vergehen,
die neue Sonne ist noch weit
und lang noch nicht zu sehen.

Henkel: Lasst uns doch ein Spielchen machen,
mit Würfeln Wärme uns entfachen,
und in der Hitze glühend wetten
als ob wir einen Ofen hätten.
Sechs Augen sind für jeden zwei,
Spaß ist und Gewinn dabei.

Mattheis: Die Wächter, welche Spieler sind,
sind meist auf beiden Augen blind.

Jakob: Es gibt – es mag dir noch so brennen –
nichts, was wir verwetten können.
Sag lieber, was die alten Weisen
vom Heiland Gutes uns verheißen.

Mattheis: *(erzählend)* In jenen Tagen wird dem Hause Davids ein Spross erwachsen, der wird bringen Recht und Gerechtigkeit aller Welt.

(Der Verkündigungsengel tritt auf.)

Engel: Fürchtet euch nicht! Siehe, ich verkündige euch große Freude, die allem Volk widerfahren wird, denn euch ist heute der Heiland geboren, welcher ist Christus der Herr, in der Stadt Davids. Und das habt zum Zeichen: Ihr werdet finden das Kind in Windeln gewickelt und in einer Krippe liegen …

(Der Engel entschwindet. Ein Wunder geschieht: Der stumme Eliat spricht.)

Eliat: Ich traue meinen Sinnen nicht,
wie war auf einmal so viel Licht …
Ein Engel sprach zu uns soeben,
hat eine Nachricht uns gegeben
von einer guten, neuen Mär:
dass uns der Herr geboren wär'!

Henkel: Mir schüttelt's Kopf mitsamt Verstand:
Was war, was uns am Feuer fand?

Mattheis: Dass der stumme Eliat
seine Sprach' gefunden hat …

Jakob: Wenn so ein Wunder uns geschah,
dann ist gewiss der Heiland nah …

Mattheis: Dann dürfen wir nicht länger zagen
und uns an seine Krippe wagen –
wo er in Tuch gewickelt lieget,
von seiner Mutter warm gewieget.

Henkel: Was woll'n wir bringen, welche Gaben?
Ihr sagt doch selbst, dass wir nichts haben!

Mattheis: Wir allein sind ihm genug!

Jakob: Ein warmes Fell …

Henkel: Mit Milch ein Krug …

Eliat: Weil ich nun eine Stimme hab',
will ihn loben jeden Tag!

3. Szene: An der Krippe

(Maria steht erhoben. Josef ist an ihrer Seite. Er hält eine Lampe in seiner Hand. Maria streckt beide Arme in die Höhe und breitet sie aus, schließlich verschränkt sie die Arme und legt das Kindlein, dass sie nun empfangen hat, in die Krippe. Der Verkündigungsengel mit dem Fünfstern steht hinter den beiden. Die Bettler nähern sich.)

Blinder Bettler: Ich glaub', jetzt ischs passiert!

Lahmer Bettler: Do liegt a Kindle.

Buckliger Bettler: Still jetzt, sonscht wacht's auf.

(Die Bettler schleichen sich wieder davon.)

Josef: Es liegt in einer Futterkrippe
ein großer Herr – ein kleines Kind.
Sein Schein ist Wahrheit, Wärme, Wonne,
es leuchtet unsrer Erdenwelt –
als eine herrlich neue Sonne!

Maria: Josef, lieber, guter Mann,
ich bitt' dich, bring' mir Heu heran …

Josef: Lass mich geschwind nur inne halten
wenn die Gedanken in mir walten …

(Die Hirten erreichen Maria, Josef und das Kind.)

Mattheis: Ist euch ein Kindlein heut' geboren?

Jakob: Wir sind die Hirten, alle vier,
und haben nur uns selbst dahier,

und etwas Milch, ein warmes Fell,
ich lege es an diese Stell'.

Henkel: Von uns ist keiner eine Perle,
wir sind des Feldes rauhe Kerle.
Drum danke dir, du Krippenkind,
dass wir zuerst geladen sind.

Eliat: Bist mein Herr, du kleines Kind,
solange Leben in mir rinnt,
so will ich dich beim Namen nennen
und will dich mit dem Herzen kennen.

Mattheis: Und hierhin lege ich diese Mütze,
die vor Kälte jenen schütze,
der uns allen helfen kann,
denn es wärmet mich fortan,
in meinem ganzen weit'ren Leben,
dass ich dem Kindlein konnte geben.

Maria: Habet Dank dafür, ihr Hirten,
ihr wart die ersten, die es spürten,
und habet ihm in rauher Nacht
euch selbst als Gabe dargebracht.

(Nun kommen auch alle anderen zur Krippe und stellen sich auf: die Wirte, die Reichen, die drei Bettler und alle, die beim Spiel mit dabei gewesen sind.)

Lied: Denn Menschen wie auch Himmelswesen
sind in Freude heut' vereint.
Es ist, was in der Nacht gewesen,
als Verheißung uns gemeint.
Denn wenn wir es im Herz behalten,
was vor Augen uns geschah,

wird uns das Licht zu Licht gestalten,
ist es immer für uns da.

(Auszug der Spielleute zur Musik.)

Lahmer Bettler: Isch es jetzt vorbei?

Buckliger Bettler: Ha noi, jetzt fängts erscht richtig an!

Blinder Bettler: Isch jetzt Weihnachten?

Buckliger Bettler: Merksch des net?

Blinder Bettler: Doch. I glaub', i merk's. Fröhliche Weihnachten!

(Sie wünschen sich gegenseitig „Fröhliche Weihnachten".)

Buckliger Bettler: *(wendet sich an die Zuschauer)*
Und euch au: Fröhliche Weihnachten!

(Die Bettler eilen humpelnd davon.)

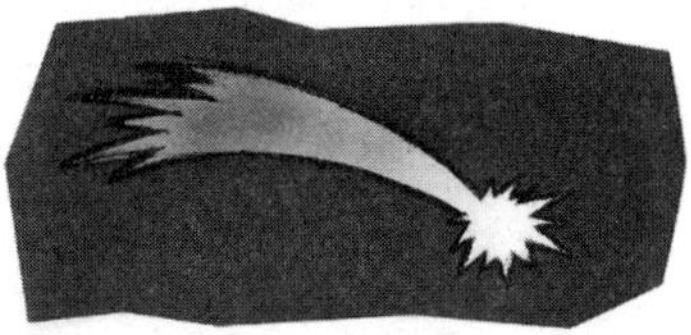

Weihnachten im Spielzeugladen

✶ Über dieses Stück: Ort der Handlung ist ein Spielzeuggeschäft. All jene Spielzeuge, die zu Weihnachten nicht gekauft wurden, erwachen zum Leben und beraten miteinander, wie sie das Weihnachsfest feiern wollen. Dabei geschieht allerdings etwas Unvorhergesehenes.

✶ Die Aufführung dieses Stückes dauert etwa 30–45 Minuten.

✶ Die Bühne: Die Bühne erinnert an ein Weihnachtsschaufenster. Einige Podeste sind leer. Vielleicht hängen nur noch die leeren Preisschildchen daran (sehr groß). Spieluhrmusik markiert den Anfang. Die Figuren auf der Bühne sind noch ganz steif. Erst wenn die Musik verklingt, beginnen sie sich, einer nach dem anderen, langsam zu regen und zum Leben zu erwachen.

✶ Kostüme und Requisiten: Der Teddy mit dem einen Ohr hat ein Kostüm aus Teddystoff. Es besteht möglichst aus drei Teilen (Kopfteil, Überziehteil und Hose), dazu wird ihm noch aus Schaumstoff eine Bärenschnauze geschnitten, die anschließend mit Make-Up angemalt wird. Natürlich fehlt ihm ein Ohr. Wenn Sie es sich etwas vereinfachen wollen, können Sie dem Teddy auch einen dicken Haarmantel oder eine Weste aus Schaffell anziehen (flauschige Seite nach außen).

Beim Wuschel können Sie Ihrer Fantasie freien Lauf lassen. Kopf und Leib sind voller langer Haare. Dazu wird eine Bademütze mit langen Schnüren bestickt. Die einfachste Lösung: Möglicherweise haben Sie noch einen alten Flokati. Er kann wie ein Poncho über dem Wuschel ausgebreitet werden.

Die Puppe Evelyn ist eigentlich eine Balletttänzerin und entsprechend trägt sie ein Tutu, Strumpfhosen und Ballett- oder Gymnastikschuhe. In den Haaren trägt sie auffällige Bänder und Haargummis. Ihre Backen sind kreisrund rot geschminkt. Ihre Wimpern sind getuscht oder vielleicht sogar mit falschen Wimpern bestückt.

Der Nussknacker trägt ein rotes, enges Jacket mit Litzen und Borten, darüber einen breiten Gürtel. wichtig ist sein hoher Helm, der aus Tonpapier gebastelt und anschließend ebenfalls bemalt wird.

Das Kistenteufelchen hat ein schwarzes Gesicht und knallrote Haare (sprayen oder färben). Auch sonst ist das Kistenteufelchen ganz schwarz geschminkt. Es trägt zudem einen Umhang aus zerfetzter roter Futterseide. Seine Kiste ist ein fantasievoll bemalter Umzugskarton. Noch besser, aber nicht immer leicht zu beschaffen, ist eine echte Kiste (Überseekoffer) in der entsprechenden Größe.

Galoschen-Gunter und Pepita-Pit tragen ein rot geringeltes und ein blau geringeltes Hemd, abgerissene Hosen und zu große Schuhe. Sie haben einen Koffer mit Einbruchsutensilien dabei und altmodische Hüte mit sehr schmaler Krempe auf dem Kopf.

✶ Personen:

Teddy mit dem einen Ohr
Wuschel
Puppe Evelyn
Diabo, das Kistenteufelchen
Nussknacker
Galoschen-Gunter
Pepita-Pit

✶ Hinweis: Die Anzahl der Spieler in diesem Stück kann nicht variiert werden – jede Rolle ist wichtig.

Weihnachten im Spielzeugladen

(Der Wuschel erwacht: Er schüttelt immer wieder den Kopf und ist sehr traurig.)

Wuschel: *(seufzt)* Schade, einfach zu schade ...

(Der Teddy erwacht und wendet sich dem Wuschel zu.)

Teddy: Was denn nur?

Wuschel: Es ist Heiligabend ...

Teddy: Ja, na und?

Wuschel: Es ist Heiligabend und keiner hat uns gekauft ...

Teddy: Ja, das ist wahr. Aber vielleicht kommt ja noch jemand ...

Wuschel: Wie denn? Der Laden ist abgeschlossen. Die Verkäufer sind nach Hause gegangen, und draußen ist keiner mehr unterwegs, der gerne einen Wuschel haben würde. Und das gerade heute, am einzigen Tag im Jahr, an dem wir so richtig lebendig sind ...

Teddy: Ja, du hast Recht: Es ist wirklich schade.

Wuschel: *(beginnt zu weinen)* Ich bin so unglücklich: Nun bekomme ich kein einziges Kind zu Weihnachten geschenkt.

Teddy: *(tröstet ihn)* Na, na, so schlimm ist das doch auch wieder nicht!

Wuschel: Natürlich ist das schlimm. Sehr schlimm ist das. Warum nur, warum will keiner einen Wuschel haben?

(An einer anderen Stelle des Raumes erwacht die Puppe Evelyn zum Leben.)

Puppe: Ich weiß, warum das so ist. Dich will keiner haben, weil du einfach zu wuschelig bist. Viel zu wuschelig. Keiner will so einen Wuschel haben. Wuschel sind unnütz und unsauber, und eigentlich sind sie auch ein bisschen unappetitlich.

Wuschel: Wie bitte? Unappetitlich? Ich? Ausgerechnet ich mit meinen schönen langen Haaren?

Puppe: *(spitz)* Die Leute wollen eben lieber etwas Schönes und Elegantes zu Weihnachten haben. Etwas mit einer glatten, porzellanfarbenen Haut. Etwas Zartes. Etwas wie mich zum Beispiel. Und keinen „Wuschel" …

Teddy: Sei still, Evelyn, und sei nicht so gemein.

Wuschel: *(beleidigt zurückblaffend)* Dich hat ja auch keiner genommen, Evelyn.

Puppe: *(schnippisch)* Ich werde noch abgeholt. Schließlich bin ich angezahlt worden.

Wuschel: Ach, angezahlt. Das heißt doch noch gar nichts.

Puppe: Das heißt sehr wohl etwas. *(Träumerisch)* Und wenn ich dann abgeholt werde … *(sie dreht sich im Kreis)* dann nimmt mich dieser Prinz mit auf sein Schlösschen und wird mir jeden Wunsch von den Augen ablesen. Hach, was ich mir dann alles wünschen werde …

Wuschel: Unfug. Der Nussknacker wurde ja auch bezahlt, vor Jahren schon, und dann wurde er einfach vergessen.

Nussknacker: *(erwachend)* Wie bitte?

Teddy: *(sehr laut in das Ohr des Nussknackers)* Er hat gesagt, dass man Sie vergessen hat …

Nussknacker: *(er nickt, hat es aber nicht verstanden)* Besessen? Einen Rasenmäher? Nein, einen Rasenmäher hab' ich nie besessen. Aber das ist nicht schlimm. Ich brauche auch keinen Rasenmäher, weil ich auch keinen Rasen habe.

Teddy: Nein, Herr Major, dass sie Sie vergessen haben. Vor vielen Jahren.

Nussknacker: Ob wir viele waren? Jaja, wir waren viele. Sehr viele. Ich bin der letzte. Mich haben sie leider vergessen. Dabei bin ich richtig nützlich, denn ich kann Nüsse knacken.

(Er murmelt in sich hinein, die anderen lassen ihn reden.)

Wuschel: Dich, Teddy, hätte bestimmt einer mit heimgetragen, wenn dir nicht ein Stückchen von deinem Ohr fehlen würde …

(Teddy fasst sich an sein Ohr.)

Teddy: *(ein wenig peinlich berührt)* Naja.

Puppe: Wie kommt es denn nur, dass du so schrecklich … *(sie sucht nach einem passenden Wort)* so schrecklich … unvollständig bist?

Teddy: Das weiß ich nicht. Als ich in der Spielzeugfabrik aufgewacht bin, war ich schon so.

Puppe: Ich find's schlimm, aber doch nicht zu sehr. Schließlich musst du ja nicht schön sein. Du bist ja keine Puppe.

Wuschel: *(jammert weiter)* Alle haben's wunderschön. Wunderwunderschön haben's alle! Alle werden verschenkt! Die liegen jetzt unter irgendeinem Weihnachtsbaum, sind fein in buntes Papier eingewickelt und lassen sich auspacken. Ich will auch ausgepackt werden. Wenn ich nicht ausgepackt werde, finde ich Weihnachten unnütz. Ganz unnütz!

(Nun springt aus seinem bunt bemalten Karton Diabo, das rote Kistenteufelchen, heraus. Die anderen erschrecken und weichen ein Stück zurück.)

Diabo: Hähäääääää! Richtig! Ganz unnütz. Völlig unnütz. Weihnachten kann man glatt vergessen.

Puppe: Diabo! Ich dachte du schläfst!

Diabo: Tu ich aber nicht. Ich schlafe nie. Im rechten Augenblick fahr ich aus der Kiste und erschrecke die Leute. Hähääääää!

(Er verschwindet wieder in der Kiste.)

Teddy: Wo ist er jetzt hin?

(Wuschel, die Puppe Evelyn und der Teddy untersuchen vorsichtig den Kistendeckel. Urplötzlich fährt das Kistenteufelchen wieder heraus. Die anderen erschrecken ein zweites Mal.)

Diabo: Hähäääää! Da bin ich wieder! Ich bin ja wie Weihnachten. Wie Weihnachten, so bin ich. Ich komme auch immer wieder. Nur komme ich, wann ich will … Und Weihnachten braucht viel länger, bis es wieder da ist. Viel, viel länger!

Wuschel: Du hast uns ganz schön erschreckt!

Puppe: Besonders mich. Da braucht es dich gar nicht zu wundern, dass dich auch keiner genommen hat.

Diabo: Will ich auch gar nicht. Will ich sogar überhaupt nicht. Unter den Weihnachtsbaum, au weia. Was soll ich denn da? Höchstens, dass mich jemand seiner Tante schenkt. Und die erschrickt dann, wie ihr. Hähäääää.

(Er verschwindet wieder in seiner Kiste. Von draußen hört man ein klapperndes Geräusch.)

Teddy: Seid einmal still – ich höre etwas.

Nussknacker: *(hat wieder falsch verstanden)* Natürlich gehört mir etwas: Das ist meine Muskete. Nur ich selbst, ich gehöre niemandem. Leider, muss ich sagen.

Teddy: Seien Sie bitte einen Augenblick lang still, Herr Major!

Nussknacker: Das will ich meinen, und nicht nur eines – ich kenne sogar mehrere. *(Er beginnt zu singen.)*
Nüsse haben harte Schalen,
schwer ist es, sie auszupacken.
Wer's versucht, erleidet Qualen
an den Zähnen, an den Backen.
Besser macht's drum der

alte Nussknacker,
besser macht's drum der
alte Nussknacker.

(Wuschel und Teddy halten ihm den Mund zu und machen ihm Zeichen, still zu sein. Draußen hört man einen lauten Krach, so als ob man einen Koffer mit Werkzeug fallen lässt.)

Pepita-Pit: *(fluchend)* Donner, Blitz und Panzerschrank!

Galoschen-Gunter: Halt die Klappe, du ungeschickte alte Rohrzange! Du sollst doch am Heiligabend nicht fluchen.

Pepita-Pit: *(schuldbewusst)* Ich hab' gar nicht geflucht.

Galoschen-Gunter: Natürlich hast du geflucht.

Pepita-Pit: Ich habe nicht geflucht!

Galoschen-Gunter: Einbruch, Beinbruch, Steinbruch: Natürlich hast du geflucht!

Pepita-Pit: Donner, Blitz und Schneidbrenner! Ich habe nicht geflucht! Aber etwas gehört habe ich da drinnen.

Teddy: *(flüstert)* Ich glaube, da kommt jemand.

Puppe: *(erfreut)* Vielleicht ist das ja mein Prinz. Der Prinz, der mich angezahlt hat *(ernster)*, das wurde aber auch wirklich höchste Zeit, dass er endlich kommt.

Teddy: *(flüsternd)* Ich glaube aber nicht, dass das dein Prinz ist.

Puppe: Wieso denn nicht?

Teddy: *(flüsternd)* Was sucht denn ein Prinz am Heiligabend in einem Spielzeuggeschäft?

Puppe: Er will natürlich seine Puppe abholen …

(Von draußen hört man noch einmal Stimmen.)

Galoschen-Gunter: Sapperlot! Mach jetzt mal vorwärts, sonst stehen wir Pfingsten noch vor der Tür!

Puppe: *(leise)* Ich glaube, es könnte sein, es handelt sich vielleicht wirklich nicht um meinen Prinzen.

Wuschel: *(ebenfalls leise)* Ich glaube auch nicht, dass es sich um einen Prinzen handelt.

Teddy: Still, wir müssen ganz leise bleiben.

Nussknacker: *(hat wieder nicht richtig verstanden)* Das finde ich auch, wenigstens ein Postkärtchen schreiben hätten sie können. Aber da ist nichts zu machen, na ja, so sind die Zivilisten nun einmal!

(Sie halten dem Nussknacker den Mund zu. In diesem Augenblick kommen die beiden Einbrecher Galoschen-Gunter und Pepita-Pit zur Türe herein. Unbeweglich bleiben die Spielzeugfiguren stehen und geben so ein äußerst seltsames Bild ab.)

Pepita-Pit: Schau mal! Wie seltsam! Die Spielfiguren haben sich ja ganz ineinander verfangen.

Galoschen-Gunter: Die kommen wahrscheinlich auf den Sperrmüll …

Puppe: *(empört)* Wie bitte?

Galoschen-Gunter: Ich sagte, die kommen auf den Sperrmüll …

Pepita-Pit: Ich habe schon verstanden. Bin ja nicht schwerhörig.

(Galoschen-Gunter sieht sich im Spielzeuggeschäft um.)

Galoschen-Gunter: Wir sollten uns jetzt aber an die Kassen machen und dann schnellstens wieder verschwinden.

Pepita-Pit: Typisch für dich, Galoschen-Gunter. Immer diese Hetze. Immerzu nur Hektik. Nimm dir doch wenigstens zu Weihnachten mal ein bisschen Zeit.

Galoschen-Gunter: Jetzt hör' mal zu, Pepita-Pit, ein Einbruch ist ein Verbrechen und kein Sonntagabend-Spaziergang …

Pepita-Pit: *(maulend)* Na, wenigstens mal zu Weihnachten könntest du dir mal ein bisschen Zeit nehmen.

Galoschen-Gunter: Zu Hause warten Kinder auf mich, Pepita-Pit. *(sich umschauend)* Still jetzt! Wo ist die Kasse?

Pepita-Pit: Da drüben! Aber was ich nicht verstehe, dass du am Heiligabend ausgerechnet ein Spielwarengeschäft ausnehmen willst …

Galoschen-Gunter: Überleg doch mal: Zu Weihnachten gibt es für Kinder Geschenke.Wo werden die Geschenke gekauft? In einem Spielzeuggeschäft. Wo bleibt das Geld, mit dem die Geschenke gekauft wurden? In der Kasse des Spielwarengeschäfts.

Pepita-Pit: *(findet das sehr lächerlich)* So ein Unsinn, Weihnachtsgeschenke werden doch nicht gekauft.

Galoschen-Gunter: Was denn dann?

Pepita-Pit: Weihnachtsgeschenke werden natürlich vom Christkind gebracht.

Galoschen-Gunter: Natürlich! Und die Ostereier bringt der Osterhase.

Pepita-Pit: Na, wer denn sonst?

Galoschen-Gunter: Mist! In der Kasse ist gar nichts mehr drin.

Pepita-Pit: Möglicherweise in einer anderen Kiste. Da zum Beispiel! Vielleicht in dieser Kiste hier!

(Sie gehen zur Kiste, in der Diabo, der Kistenteufel sitzt, und öffnen sie.)

Galoschen-Gunter: Lass mich mal ran!

(Diabo fährt mit lautem Geschrei aus der Kiste. Die beiden Einbrecher fallen vor Schreck zu Boden.)

Diabo: Hähähähä!

Beide Einbrecher: Hilfe! Polizei! Überfall!

Diabo: Blödsinn! Die Polizei macht doch keine Überfälle. Die Polizei übernimmt nur Fälle.

(Die Spielzeugfiguren lachen.)

Galoschen-Gunter: *(staunt über die lebenden Spielzeuge)* Ich glaub', ich spinne! Die Figürchen – sie lachen!

Pepita-Pit: *(stutzt)* Seid ihr? Seid ihr? Ihr seid ja: lebendig?!

Teddy: Tjaja, das sind wir. Wuschel und Herr Major, würdet ihr die beiden Herren bitte mit diesem Geschenkband fesseln?

(Er gibt ihnen ein langes, überbreites Geschenkband.)

Nussknacker: Nein, ich meine, das haben die beiden nicht verdient. Und warum sollten wir ihnen denn etwas schenken? Besser scheint es mir, wir fesseln die beiden.

(Die beiden Einbrecher werden gefesselt und schließlich mit einer Schleife versehen.)

Galoschen-Gunter: Aber das geht doch nicht.

Teddy: Diabo, das hast du gut gemacht!

Diabo: Weißt du, etwas anderes als Leute erschrecken kann ich nicht. Aber wenigstens das kann ich perfekt.

Puppe: Ich bin ganz sicher: Das da ist nicht mein Prinz. Mein Prinz wäre erstens nur einer und zweitens rasiert.

Teddy: Ihr wolltet also die Kasse vom Spielzeuggeschäft ausrauben?

Galoschen-Gunter: Aber, nein, gewiss nicht, das wollten wir nicht.

Pepita-Pit: *(erstaunt)* Nein, das wollten wir nicht, es sei denn, wir hätten sie auch gefunden.

Galoschen-Gunter: *(jammernd)* Wir haben's aber gar nicht bös gemeint.

Pepita-Pit: Nein, bös haben wir's nicht gemeint.

Galoschen-Gunter: *(gespielt zerknirscht)* Und wenn wir gewusst hätten, dass wir erwischt werden, hätten wir es nicht einmal versucht.

Pepita-Pit: Nein, dann hätten wir es wirklich nicht gemacht.

Teddy: Das ist ja vielleicht mal eine schöne Bescherung!

Puppe: *(pikiert)* Und das ausgerechnet zum Weihnachtsfest … Das mag ich eigentlich nicht mit diesen beiden Räubern verbringen …

Nussknacker: Singen? Singen würde ich sehr gerne. Sollen uns doch die beiden Räuber verschenken …

Teddy: Das ist ja überhaupt die Idee …

Nussknacker: Schnee? Nein, das hat es natürlich keinen. Und wenn schon. Da habe ich zu Weihnachten schon ganz andere Sachen erlebt!

Teddy: Herr Major – da wär' ich jetzt selber gar nicht drauf gekommen … *(Er wendet sich an die beiden Einbrecher)* Wir lassen euch wieder frei, weil heute Heiligabend ist, aber ihr müsst dafür etwas von hier mitnehmen.

Pepita-Pit: Mitnehmen? Was denn?

Teddy: Uns! Aber ihr dürft uns natürlich nicht behalten. Ihr müsst uns verschenken. An irgendjemanden, der sich über uns freuen würde.

Galoschen-Gunter: *(etwas peinlich berührt)* Jemanden beschenken? Wir sind doch keine Nikoläuse.

Pepita-Pit: Anderseits, schau mal, Galoschen-Gunter: die alte Oma Krause ...

Galoschen-Gunter: Oma Krause? Was ist denn mit der?

Pepita-Pit: Die hat doch kaum noch Zähne. Der geben wir den Nussknacker. Für Nüsse ...

Galoschen-Gunter: Aber dieser Nussknacker da, der ist doch so schrecklich schwerhörig.

Pepita-Pit: Oma Krause doch auch ...

Galoschen-Gunter: Und so einen Wuschel da, vielleicht für die dünne Hedwig – die kuschelt doch so gern ...

Wuschel: *(gepflegt)* Es wäre mir eine Ehre!

Pepita-Pit: Der Teddy wär vielleicht was für den kleinen Max.

Galoschen-Gunter: Den mit der Binde ums Ohr?

Pepita-Pit: Ganz genau der.

Teddy: Dem würde ich sehr gern geschenkt werden ...

Galoschen-Gunter: Den Kistenteufel würde ich am liebsten selber behalten. Und jeden Besucher würde ich dann einmal hineinschauen lassen.

Pepita-Pit: Aber den schenken wir Kanonen-Kalle. Der behauptet doch immer, er hätte vor überhaupt gar nichts Angst.

Diabo: Hähäääää!

(Teddy, Wuschel und der Nussknacker entfesseln die beiden Einbrecher.)

Puppe: Für mich braucht ihr euch gar nicht erst etwas zu überlegen. Ich werde sowieso noch abgeholt.

Pepita-Pit: Schade. Dich hätten wir der kleinen Larissa geschenkt. Die will doch später mal Schneiderin werden.

Puppe: Phhh!

Galoschen-Gunter: Ich habe noch nie jemandem etwas zu Weihnachten geschenkt.

Pepita-Pit: Ich auch nicht. Es macht mir aber ziemlich Spaß … Also kommt mit.

(Alle machen sich bereit, den beiden zu folgen. Diabo springt aus seiner Kiste in den Sack hinein, den die Einbrecher mit sich führten).

Nussknacker: Wohin gehen wir denn?

Teddy: Aber Herr Major – das war doch eigentlich alles Ihre Idee!

Nussknacker: Hinaus in den Schnee? Aber es hat draußen keinen Schnee. *(er droht freundlich mit dem Finger)* Na, ich habe fast ein bisschen den Eindruck, wir sollen am Ende doch noch verschenkt werden. Aber warum sagt mir das denn keiner?

Teddy: Fröhliche Weihnachten, Evelyn …

Puppe: Phhh! Ist doch mir egal. *(die anderen gehen hinaus)* Was soll ich denn mit einem Kind, das Schneiderin werden will, wenn ein echter Prinz mich angezahlt hat. Ein ganz echter Prinz. Auch wenn der vielleicht keine hübschen neuen Kleider nähen kann. Nein, der kann ganz sicher keine hübschen Kleider nähen. *(laut)* Haaaaalt!

Pepita-Pit: *(zurückkommend)* Was ist denn?

Puppe: Ich möchte doch mit! Ich will auch gerne verschenkt werden!

Pepita-Pit: Na, dann komm eben mit.

Galoschen-Gunter: *(von draußen hereinrufend)* Macht Freude, etwas zu verschenken, nicht wahr?

Pepita-Pit: Riesig viel Spaß ! Und ich sag' dir was: Es macht mir noch hundertmal mehr Spaß, als irgendwo einzubrechen.

(Sie gehen ab.)

Kleines Hirtenspiel

✶ Über dieses Stück: Nirgendwo in Bethlehem ist für Maria und Josef ein Zimmer frei. Endlich zeigt ihnen ein Wirt einen Stall, in dem ihr Kind zur Welt kommt. Hirten finden sich ein und begrüßen es mit Geschenken.

✶ Die Aufführung dieses Stückes, das sich für Vorschulkinder gut eignet, dauert 10–15 Minuten.

✶ Die Bühne: Die Kinder legen einen Steinkreis aus großen weißen Kieselsteinen von etwa 3 m Durchmesser. Die große Gruppe aller Spieler geht innerhalb des Steinkreises, Maria und Josef wandern außerhalb. In der Mitte des Kreises steht die Futterkrippe, die mit Heu oder Stroh gefüllt ist.

✶ Kostüme und Requisiten: Wie auf S. 13 (Großes Krippenspiel) beschrieben, sind Maria und Josef in ganz besonderer Weise gekleidet.

Der Sternträger hat ein hellgelbes weites Kleid aus sehr leichtem Stoff, z.B. Futterseide, an, und trägt eine glänzende Sternenkrone. Diese Sternenkrone stellen Sie am besten aus Pappe her und bekleben sie anschließend mit Goldfolie. Er trägt eine weißbemalte Holzstange, auf die ein goldlackierter Holzstern von etwa 40 cm Durchmesser genagelt ist.

Die Hirten haben alte, verschlissene Jacken, Mäntel oder Fellwesten an. Als Geschenke der Hirten werden gebraucht: eine große Milchkanne, ein Sack Heu, ein großes Stück Käse.

Die Wirte stattet man am besten mit Schürze, Laternen und dickem Bauch aus. Achten Sie darauf, dass die Wirte alle schön verschieden sind.

✶ Personen:

Bratapfel, erster Wirt
Krautkohl, zweiter Wirt
Schwarzbrot, dritter Wirt
Süßmost, vierter Wirt
Maria
Josef
Heiner, Hirte
Ludwig, Hirte
Peter, Hirte
Jakob, Hirte
Simon, Hirte
Der helle Stern

Kleines Hirtenspiel

(Die Spieler gehen im Innenkreis, Maria und Josef schreiten in entgegengesetzter Richtung im äußeren Kreis. In der Mitte der Kreise steht eine Krippe.)

Sprechgesang: Maria und Josef,
sie kommen gegangen,
sie wollen an einen
Gasthof gelangen.
Sie suchen ein Dach
und ein Bett für die Nacht,
wo ist ihnen nur eine Stube gemacht?

(Der Kreis bleibt stehen. Josef steht vor dem ersten Wirt. Er klopft mit seinem Stab auf den Boden.)

Bratapfel: Was will er, was klopft er,
was treibt ihn ans Tor?
Geht, ich bin müde,
ich leg mich aufs Ohr!

Josef: Herr Wirt, bitte hört mich,
wir suchen ein Zimmer.

Bratapfel: Das findet sich hier nicht,
drum fraget mich nimmer!

(Der innere Kreis setzt sich in Bewegung, kurz darauf gehen auch Maria und Josef in entgegengesetzter Richtung den äußeren Kreis weiter.)

Sprechgesang: Maria und Josef,
sie kommen gegangen,
sie wollen an einen
Gasthof gelangen.

Sie suchen ein Dach
und ein Bett für die Nacht,
wo ist ihnen nur eine Stube gemacht?

(Josef klopft mit seinem Stab auf den Boden.)

Krautkohl: Was gibt es, was ist es,
was klopft da und stört?
Ihr Fremden wisst wohl nicht,
was sich hier gehört!

Josef: Wir brauchen nicht viel,
nur ein Plätzchen zum Sein.

Krautkohl: Bei mir kommen solche
wie ihr nicht herein.

(Der innere Spielerkreis setzt sich in Bewegung. Maria und Josef gehen wieder in entgegengesetzter Richtung den äußeren Kreis.)

Sprechgesang: Maria und Josef,
sie kommen gegangen,
sie wollen an einen
Gasthof gelangen.
Sie suchen ein Dach
und ein Bett für die Nacht,
wo ist ihnen nur eine Stube gemacht?

(Josef klopft mit dem Wanderstab auf den Boden.)

Süßmost: Geholper, Gepolter,
was hält man davon?
Von solchen wie euch
kriegt man Flöhe zum Lohn!

Josef: Maria ist schwach, sie kann
nicht mehr gehen.

Süßmost: Dann solltest du dich
nach 'ner Bleibe umsehen.

(Die beiden Spielerkreise setzen sich in Bewegung.)

Sprechgesang: Maria und Josef,
sie kommen gegangen,
sie wollen an einen
Gasthof gelangen.
Sie suchen ein Dach
und ein Bett für die Nacht,
wo ist ihnen nur eine Stube gemacht?

(Josef klopft wieder mit dem Wanderstab auf den Boden.)

Schwarzbrot: Zwei ganz müde Menschen,
ein trauriger Fall.
Kommt nur, ihr zwei Fremden,
ich zeig euch den Stall.

Maria: Wir danken euch, Herr,
für das freundliche Wort.

Schwarzbrot: *(winkt ab)* Ist schon recht, ist schon recht,
hier ist schon der Ort.

(Josef und Maria stehen nun in der Kreismitte bei der Krippe. Der Kreis der Spieler setzt sich wieder in Bewegung.)

Sprechgesang: Maria und Josef,
sie kommen gegangen,

sie wollen an eine
Hütte gelangen.
Es leuchtet der Stern
und es glänzet ein Kind,
weil sie nun am Ziel ihrer Wanderung sind.

(Maria hält das Kind nun im Arm, Josef steht dabei. Alle knien nieder. Heiner, der Hirte, geht aus dem Kreis zur Krippe.)

Heiner: Du kleines Kind
hast Licht gebracht,
so hell wie's keiner
je nur gedacht.

Ludwig: *(kommt eilig dazu)*
Es friert, kannst du's sehen,
drum gib ihm schnell Wolle!

(Heiner legt Wolle auf die Krippe.)

Heiner: Wo ist die Kanne mit Milch nur, die volle?

(Ludwig stellt die Kanne Milch zur Krippe.)

Peter: Du liebes Kind, hier Käs' von der Ziege,
ich hoffe, dass ich richtig liege!

(Er legt einen Käse zur Milchkanne. Jakob und Simon tragen zusammen einen großen Sack mit Heu.)

Jakob und Simon: Wir haben gutes Wiesenheu
für's Bettelein vom Kind.
Und hier ein Säckchen Kräutertee,
da wir nur Arme sind.

Josef: Wir danken euch für alle Gaben,
das Kindlein wird dran Freude haben.

Maria: Ihr Hirten seid nie mehr allein,
es leitet euch ein heller Schein.

(Die Hirten gehen in den Kreis zurück. Der helle Stern tritt näher heran.)

Der helle Stern: Maria, soll ich abseits steh'n,
würd' auch so gern das Kindlein seh'n!

Maria: Nun freilich, Sternlein, komm nahe heran,
damit dich das Kindelein auch sehen kann.

(Der Stern huscht zum Kind.)

Der helle Stern: Dir, Kindlein in der Krippe klein,
will gern ich Schutz und Bote sein.

(Der helle Stern geht zurück in den Kreis. Dort nimmt er den Sternenstab auf. Der Kreis setzt sich wieder in Bewegung.)

Sprechgesang: Maria und Josef,
sie kamen gegangen,
sie wollten an eine
Hütte gelangen.
Es leuchtet der Stern
und es glänzet ein Kind,
weil sie nun am Ziel ihrer Wanderung sind.

Dreikönigsspiel

✶ Über dieses Stück: Die drei Könige machen sich mit ihren Gaben auf, um den „neugeborenen König“ zu finden. Der „Stern von Bethlehem“ weist ihnen dabei den Weg. Auf ihrer Reise treffen sie verschiedene Menschen, die ihnen aber alle den richtigen Weg nicht zeigen können. So kommen sie schließlich zu König Herodes.

In der Nacht erscheint den drei Königen jedoch ein Engel, der sie anweist, nicht wieder zu König Herodes zurückzukehren. Maria, Josef und das Kindlein fliehen nach Ägypten, um Herodes zu entkommen.

✶ Die Aufführung dieses Stückes dauert 10–15 Minuten

✶ Aufwand: Dieses Dreikönigsspiel ist ein einfaches Theaterstück und eignet sich für Kinder der unteren Grundschulklassen. Es ist weniger zur Aufführung vor einer großen Runde bestimmt, sondern sollte eher in einem vertrauten Kreis gespielt werden.

Die dunklen Machenschaften des König Herodes werden in diesem Stück nicht besonders ausgeführt. Eine Überbetonung ist in diesem Alter nicht sinnvoll.

Auch dieses Spiel ist in Reimen gehalten und deshalb leicht zu lernen.

✶ Die Bühne: Die Bühne besteht aus einem großen Kreis aus zwölf Stühlen. Er wird so aufgestellt, dass man zwischen den Stühlen bequem hindurchgehen kann. Der Sternträger-Engel führt die Schar der Spielleute in den Kreis hinein.

✶ Kostüme und Requisiten: Den drei Königen sind von Alters her bestimmte Farben zugeordnet. König Kaspar ist grün, Melchior ist rot und Balthasar blau. Man wird ihnen also entsprechende Umhänge anfertigen, die die Spieler einfach wie Capes um die Schulter tragen. Wenn das Tuch vorne jeweils mit einer goldenen Kordel versehen ist, kann es gut getragen werden, ohne dass die Bekleidung beim Spielen verrutscht oder gar verloren geht.

Jeder der Könige hat ein besonderes Geschenk bei sich, das in ein Papp- oder Metallschächtelchen gelegt ist. Wer will, kann diese Behältnisse mit Bronze anmalen. Kupfern ist das Behältnis von König Kaspar, silbern das von Balthasar, und das von Melchior ist golden.

Maria und Josef sollten so gekleidet sein, wie es auf Seite 13 (Großes Krippenspiel) beschrieben ist.

Der Lastenträger ist ein Arbeiter mit abgerissener Kleidung. Er unterscheidet sich nicht sehr von einem Bettler: ein löchriges Stirnband, das einen dicken Knoten an der Stirne hat, ein zerrissener Umhang, der die eine Schulter bedeckt, die andere jedoch freilässt. Er hat auf seiner Schulter einen Stab, auf dem an beiden Seiten Lasten in Tüchern befestigt sind. Als Lasten eignen sich zusammengeknautschte Tücher.

Der Wams des Bauern besteht aus einem Überwurf, der in der Taille mit einer Kordel zusammengebunden ist. Um seine Füße kann er „Fußlappen“ gebunden haben, die ebenfalls mit Schnur oder Kordel festgebunden sind. Um seinen Kopf hat er ein Tuch gewunden.

Der Hirte hat ein Schaffell an, das ihm, ähnlich wie beim Lastenträger, um die Schulter gelegt ist. Der Hirte hat einen Filzhut mit einer breiten Krempe auf dem Kopf.

✶ Personen:

König Kaspar	Herodes
König Melchior	Erster Wächter
König Balthasar	Zweiter Wächter
Sternträger-Engel	Ein Bauer
Maria	Ein Hirte
Josef	Ein Lastenträger

Dreikönigsspiel

Sternträger-Engel: *(singt oder spricht)*
Ein heller Stern am Himmelszelt,
der ist ab heut' zu sehen.
Man sieht ihn auf der ganzen Welt,
und wer kann es verstehen?

Der Stern, der zeigt es allen an,
was da will geschehen.
Drei Weise haben es erkannt,
der Stern, der heißt sie gehen!

(gesprochen)
Drei Könige werden sie genannt,
aus dem fernen Morgenland.

(König Kaspar tritt auf, geht in die Mitte, um den Stern zu betrachten.)

König Kaspar: *(verbeugt sich)* Kaspar werde ich genannt,
bin Sternenweiser hier im Land.
Ich sah den Stern am Himmel steh'n
und glaub', ich sollte mit ihm geh'n.

Hier ist Weihrauch, und ich glaube,
dass ich mir dies Geschenk erlaube.

(König Kaspar verbeugt sich und bleibt beim Stern stehen. Der zweite König, Melchior, steht von seinem Stuhl auf und geht in die Mitte.)

König Melchior: Ich bin König Melchior.
Gerade kam es mir so vor,
als wies' der Stern am Himmel dort
im Westen einen Wunderort.

Ich nehme Gold mit mir, ich denke,
dass ich damit Gutes schenke!

(König Melchior verbeugt sich vor dem Stern, dann vor König Kaspar. Es erhebt sich König Balthasar ebenfalls von seinem Stuhl und tritt auf den Sternträger zu.)

König Balthasar: Ich bin König Balthasar
und seh' den Stern dort wunderbar.
Er sagt mit seinem hellen Schein:
Ein Kindlein wird geboren sein.

Ich nehme Myrrhe und will hoffen,
dass das Kind wird angetroffen.

(König Balthasar verbeugt sich zunächst vor dem Stern, dann vor den beiden anderen Königen. Diese verbeugen sich ebenfalls.)

König Kaspar: Der Stern, er führt uns von hier fort
an einen weit entfernten Ort.
So ziehen wir zum Königskind,
dass wir beizeiten bei ihm sind.

(Nun setzt sich der Sternträger in Bewegung, die drei Könige folgen ihm. Sie ziehen im äußeren Kreise, um die Stühle herum, ihre Bahn. Während sie nun reisen, wird von allen Spielern ein Lied gesungen. Maria und Josef stehen auf und gehen in die Kreismitte.)

Sprechgesang: In einem Stall bei Bethlehem,
noch vor des Städtchens Toren,
da weiß man schon seit ehedem,
da wird ein Kind geboren.

Ein Ochse und ein Eselein,
die stehen nahebei,

die hauchen es mit Atem an,
damit gewärmt es sei,
damit gewärmt es sei.

(Maria und Josef gehen wieder auf ihre Stühle zurück und nehmen ihre Krippe mit an den Rand des Stuhlkreises. Als sie sitzen, halten auch die drei Könige, die unablässig weiter gewandert waren, an. Ein Lastenträger steht nun in der Mitte. König Kaspar ruft über den Kreisrand hinweg.)

König Kaspar: Dreikönige sind wir genannt
und kommen aus dem Morgenland.
Wir wollen fragen, ob ihr's wisst,
wo der neue König ist.

Lastenträger: Von einem König, neugebor'n,
hab ich nichts gehört.
Doch schaut ihr Herren, hochgebor'n,
was man hier erfährt:
Diese Steine auf dem Acker
wurden zu Kristall.
Das, ihr Herren, weitgereist,
war noch nie der Fall.

König Kaspar: So sind wir auf der rechten Bahn,
so ziehen wir auch weiter dann.

(Wieder gehen die drei Könige einen großen Kreis, bis sie auf den Bauern treffen, der blühende Zweige in seiner Hand hält.)

König Melchior: Dreikönige sind wir genannt
und kommen aus dem Morgenland.
Wir wollen fragen, ob ihr wisst,
wo der neue König ist.

Bauer: Von einem König, neugebor'n,
hab' ich nicht's gehört.
Doch schaut ihr Herren, hochgestellte,
was man hier erfährt:
Dieser Zweig von einem Sträuchlein,
war wie tot und kahl,
und nun grünt und wächst und blüht es
alles auf einmal.

König Melchior: Wenn solches Wunder hier geschah,
ist gewiss der Heiland nah.
So zogen wir die rechte Bahn,
so ziehen wir auch weiter dann.

(Wieder setzt sich der Sternträger in Bewegung und die drei Könige folgen ihm. Sie ziehen im äußeren Kreis, bis sie nun auf einen Hirten treffen.)

König Melchior: Dreikönige sind wir genannt
und kommen aus dem Morgenland.
Wir wollen fragen, ob ihr wisst,
wo der neue König ist.

Hirte: Von einem König, neugebor'n,
hab' ich nicht's gehört.
Doch schaut ihr Herren, hochgestellte,
was man hier erfährt:
Die Schafe kriegen ihre Jungen
erst zur Frühjahrzeit,
doch ein einz'ges kriegt' ein Lämmlein
in der Nacht auf heut'!

König Melchior: Wenn solches Wunder uns geschah,
ist gewiss der König nah.

Hirte: Der einz'ge König, den ich kenn',
wohnt in der nahen Stadt.
Herodes ist der Herr genannt,
der den Palast dort hat.

(Die drei Könige verbeugen sich vor dem Hirten, der nun wieder seinen Platz aufsucht. Zwischenzeitlich wird der Thron des König Herodes, sein Stuhl im Kreis, nach vorne gerückt. Damit man Herodes besser sehen kann, setzt er sich auf die Lehne des Stuhles, die entsprechend stabil sein sollte. Zwei Wächter stellen sich vor ihm auf.)

Beide Wächter: Dies ist der Palast des König Herodes,
wer hier eindringt ist des Todes.

Könige: Dreikönige sind wir genannt
und kommen aus dem Morgenland.
Wir wollen fragen, ob ihr wisst,
wo der neue König ist.

(Beide Wächter schauen sich ahnunglos an.)

Wächter: Von einem König, neugebor'n,
ist uns nichts bekannt.
Herodes herrscht hier eisern
über's ganze Land.

König Kaspar: Wir woll'n dem neuen König Gaben
bringen, die wir bei uns haben.

König Balthasar: Weihrauch, Gold und Myrre fein,
das sollen die Geschenke sein.

König Melchior: Es rief ein Stern uns bis hierher,
seit gestern seh'n wir ihn nicht mehr.

Wächter: Wir Wächter können nicht viel sagen.
Wir werden unsren König fragen.

(Beide Wächter gehen schnell zum Thron des König Herodes, um ihm die Nachricht der drei Könige mitzuteilen. Zunächst flüstert der erste Wächter dem König ins Ohr.)

Herodes: Drei Könige?!

(Nun flüstert der zweite Wächter dem König in sein Ohr.)

Herodes: Ein neugeborener Herrscher?

(Wieder flüstert der erste Wächter.)

Herodes: Geschenke? Nun, dann bringt sie herein.

(Die drei Könige treten vor den Thron des Herodes und verbeugen sich.)

König Balthasar: Dreikönige sind wir genannt
und kommen aus dem Morgenland.
So stellen wir drei uns jetzt vor:
Hie Kaspar, dort ist Melchior,
ich selber bin, und das ist wahr,
der dritte König: Balthasar.

Herodes: Was führt euch denn zu mir ins Reich?
Zögert nicht und sagt es gleich!

König Kaspar: Wir sahen eine hellen Stern,
wir folgten seiner Weisung gern.

König Balthasar: Verheißt den Menschen hierzuland:
Ein neuer König ist gesandt.

König Melchior: Noch ist er zwar ein Kind und klein,
doch bald wird er erwachsen sein.

Herodes: Ein neuer König, saget an:
Was wird dem alten dann getan?

König Kaspar: Der neue ist für alle Welt,
der alte wird ihm unterstellt.

(König Herodes springt erregt von seinem Stuhl auf. Doch dann beruhigt er sich und spricht gespielt sanft.)

Herodes: Den König will ich gerne sehen
und möcht' so gern ihm unterstehen.
Sagt mir, wenn ihr ihn entdeckt,
dass man mich sofort zu ihm trägt.

(Die drei Könige verneigen sich und gehen.)

Herodes: Ich weiß, was ich ihm bringen werd':
Ich bring dem kleinen Kind das Schwert!

(Nun werden die Plätze im Stuhlkreis wieder eingenommen. Wächter und König Herodes setzen sich wieder. Der Sternträgerengel nimmt die drei Könige in Empfang, und zusammen gehen sie im Außenkreis eine Runde, bis Maria und Josef wieder in der Mitte des Kreises um die Krippe zu sehen sind.)

Lied: Sie hatten keinen langen Weg
und gingen nur zwei Stunden.
Da haben sie auf einem Feld
einen Stall gefunden.

Ein Ochse und ein Eselein,
die stehen nahebei.

Die hauchen es mit Atem an
damit gewärmt es sei,
damit gewärmt es sei.

König Melchior: Der Stern steht hell am Himmel droben,
nun müssen wir die Engel loben,
die uns den weiten Weg geführet
bis hierher, wie's dem Kind gebühret.

(Josef tritt ihnen nun ein Stück entgegen.)

Josef: Ihr Könige, kommt tretet her,
wir alle drei, wir freu'n uns sehr.
Das Kind dort in der Krippe liegt,
von Marien leicht gewiegt.

(Die Könige fallen auf die Knie nieder und beten das Kind an.)

König Kaspar: Hier Myrre, Kind, soviel du willst,
nie bess're Myrre du erhieltst.
Sie duftet dir so wunderbar,
den Weihrauch bringt dir Balthasar.

(König Kaspar weist auf den neben ihm stehenden König.)

König Balthasar: Von allen Dingen, die wir haben,
ist Weihrauch eins der besten Gaben.
Liebes Kindlein sei uns hold.
Und Melchior, der bringt dir Gold.

(König Balthasar weist auf den neben ihm stehenden König.)

König Melchior: Rein'res Gold hat es im Leben
niemals irgendwo gegeben.

Ich geb' es dir, du Krippenkind,
weil wir von dir geladen sind.

(Der Sternträger-Engel tritt zwischen sie.)

Sternträger-Engel: Geht zurück in euer Reich,
Herodes sucht bereits nach euch,
und wird er dieses Kindlein finden,
vermehrt er seine vielen Sünden.
Maria, Josef und du, Kind,
flieht, damit er euch nicht find't.
Nach Ägypten sollt ihr geh'n,
Herodes wird euch niemals seh'n.

(Sie gehen los. Die Könige verbeugen sich und ziehen nun im großen Kreis davon. Der Sternträger-Engel leitet nun Maria, Josef und das Kind.)

Lied: In einem Stall bei Bethlehem,
noch vor des Städtchens Toren,
da weiß man schon seit ehedem,
da wird ein Kind geboren.

Doch flohen sie noch diese Nacht,
Maria, Josef, Kind,
sie zogen in ein andres Land,
damit sie sicher sind,
damit sie sicher sind.

Der kleine Tannenbaum

✶ Über dieses Stück: „Der kleine Tannenbaum“ ist ein einfaches weihnachtliches Spiel, das durchaus schon von Vorschulkindern gespielt werden kann.

Im Wald ist es winterlich kalt. Bald ist Weihnachten, und die Nadelbäume warten darauf, dass sie ausgesucht und von den Menschen zur Weihnachtsfeier eingeladen werden.

Der kleine Tannenbaum, so sagen die anderen, hat eigentlich keine Chance, denn er ist ein bisschen klein und auch ein bisschen krumm gewachsen. Schließlich findet aber doch jeder Baum seinen Platz: entweder auf dem Marktplatz, vor der Kirche oder in einem Weihnachtszimmer.

✶ Die Aufführung des Stücks dauert ungefähr zehn Minuten und kann bis zu zwanzig Mitspieler gebrauchen.

✶ Die Bühne: Für dieses Stück braucht man einen Vorhang, der im Hintergrund hängt. Von dort kommen die Holzfäller, und dorthin gehen auch die Bäume, wenn sie „gefällt“ worden sind.

Ein solcher Hintergrundvorhang (Fachsprache: Prospekt) macht aus jedem Klassenzimmer gleich einen Theaterraum. Wenn er nicht bemalt ist, sollte er relativ dunkel sein – ein weißer Stoff lässt die Spieler blass aussehen und reflektiert das Licht unter Umständen auch zu stark.

Eine Stofffläche (Sackleinen, Nessel) von etwa 12 qm besteht aus vier Bahnen à 3 m, die zusammengenäht werden. Die obere Kante versehen Sie mit einem Saum von ca. 5 cm, der links und rechts offen bleibt. Dort ziehen Sie eine Schnur hindurch und binden diese links und rechts an den Wänden fest.

Gegebenenfalls müssen Haken in den Wänden befestigt werden. Sie können aber auch einfach eine Wäscheleine spannen und daran mit Wäscheklammern Tücher oder Bettlaken befestigen. Der Stoff muss bis auf den Boden herunterhängen, so dass nicht etwa die Füße der dahinter stehenden Spieler zu sehen sind.

Sie können übrigens auch Makulaturpapier (das gibt's in Druckereien oder bei der Zeitung) verwenden, das Sie am besten doppelt legen und mit normalem Kleister verkleben. Dieser Vorhang kann von den Kindern mit Walzen oder sogar mit den Fingern bemalt werden. Den oberen Rand klemmen Sie zwischen zwei Dachlatten fest und verschrauben sie. Dadurch wird der Prospekt gut festgehalten und ist reißfester. Die Dachlatten werden mit seitlichen Schnüren an Haken an der Decke befestigt.

✶ Kostüme und Requisiten: Für die Tannenbäume gibt es in Dekorationsgeschäften lange grüne Girlanden, die sich die Spieler um den Körper schlingen können. Beide Enden der Girlande werden in jeweils einer Hand gehalten. Es gibt es jedoch auch aufwendigere und hübschere Lösungen, z. B. kann jeder der Tannenbaumspieler einen Stock (Besenstiel) in der Hand tragen, von dessen Spitze aus vier bis fünf grüne Bänder nach unten hängen. Dort hinein werden nun drei bis fünf Drahtkreise geknotet, die mit grünem Krepppapier besteckt sind (siehe S. 67)

Dieses Baummodell erinnert an eine Krinoline und lässt sich leicht zusammenlegen. Je nachdem wie aufwendig das Papier auf dem Draht behängt ist, ist der Spieler immer weniger zu sehen.

Der Pfarrer hat ein Gesangbuch in der Hand und einen langen schwarzen Rock an. Ein weißer papierner Kragen, den man mit Klebefilm von innen schließen kann, erinnert an ein Beffchen, wie es die evangelischen Pfarrer tragen.

Die Holzfäller haben Zipfel- oder Ohrenmützen und buntkarierte Holzfällerjacken. Beilstiele werden mit der Bandsäge von oben eingesägt und mit Schneiden aus bronzebemalter Pappe versehen.

Der Bürgermeister kann einen Zylinder und eine schwarze Jacke tragen. Eine schwarze Fliege gibt ihm den richtigen Pfiff.

Die Familienväter und -mütter sind in Alltagskleidern unterwegs. Allerdings sollte keinem von ihnen der Zollstock fehlen, mit dem sie auch immer wieder verschiedene Formen biegen können.

Das Mädchen hat ein Leinenhemd an und einen einfarbigen Rock. Sie kann auch eine Hose tragen, bei dem das Leinenhemd dann heraushängt. Trägt sie ein Cape um die Schultern, kann sie gut spielen, wie kalt es ist.

✶ Rollen: Großer Tannenbaum
Verschiedene große Tannen,Fichten, Kiefern, Lärchen usw.
Der kleine Tannenbaum
Der Bürgermeister
Der Pfarrer
Die Familienväter
Das Mädchen
Die Holzfäller

✶ Übrigens: Bei diesem Spiel kann man den Kindern deutlich machen, dass der Wald keinen Schaden nimmt, wenn ihm mit Bedacht Bäume entnommen werden. Die andere Bäumen können dann umso besser wachsen. Und für die Bäume ist es schön, zu Weihnachten ausgewählt zu werden, denn selten wird ein Baum so aufmerksam beachtet.

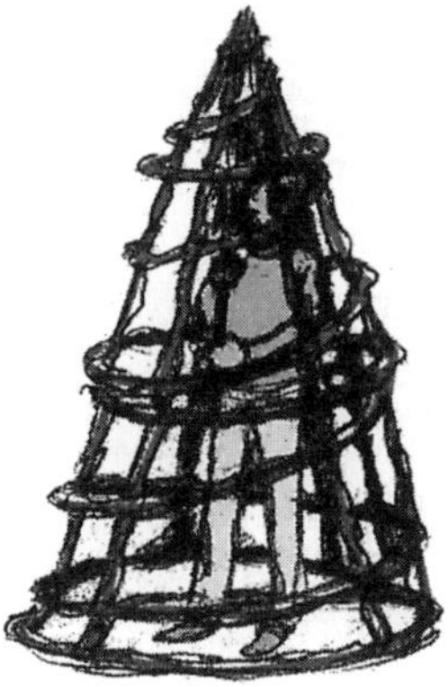

Der kleine Tannenbaum

(Die Tannenbäume stehen im Wald. Sie rauschen und wiegen sich hin und her.)

Chor der Tannenbäume: Hier stehen wir Tannenbäume
und wiegen uns im Winterwind.
Wir sind noch grün und kräftig,
weil wir Nadelbäume sind.

Die Eichen und die Buchen,
die sind schon lange kahl.
Die Blätter, die sie hatten,
die fielen ohne Zahl.
Sie liegen nun am Boden,
und weil's darüber schneit,
so kann man sie nicht sehen,
so winterlich ist's heut.

Hier stehen wir Tannenbäume
und wiegen uns im Winterwind.
Wir sind noch grün und kräftig,
weil wir Nadelbäume sind.

Ein Tannenbaum: Winter ist geworden.

Weiterer Tannenbaum: Hier und allerorten.

Tannenbaum: Kein Vöglein hört man singen.

Tannenbaum: Kein Rehkitz sieht man springen.

Kleiner Tannenbaum: *(außer der Reihe)* Mir ist ein bisschen kalt.

Großer Tannenbaum: Unfug. Ein Tannenbaum friert nicht.

Kleiner Tannenbaum: Aber wenn ich doch trotzdem friere!?

Großer Tannenbaum: Dann irrst du dich.

(Die Tannenbäume wiegen sich wieder.)

Tannenbäume: *(je nach Anzahl der Spieler)*
– Winter ist geworden.
– Hier und allerorten.
– Kahl sind alle Felder.
– Weiß sind alle Wälder.
– Nun ist es bald soweit.
– Jetzt kommt die Weihnachtszeit.

Kleiner Tannenbaum: Die Weihnachtszeit? Was ist denn die Weihnachtszeit ?

Tannenbaum: Oh, das ist eine wunderbare, feine Zeit.

Fichte: Jedes Jahr werden die schönsten Bäume ausgesucht.

Lärche: Und die werden mitgenommen …

Tannenbaum: … und ins Weihnachtszimmer eingeladen …

Fichte: … und dort geschmückt.

Alle Bäume: Herrlich geschmückt!

Kleiner Tannenbaum: Geschieht das auch dieses Jahr?

Tannenbaum: Das geschieht jedes Jahr, und darum geschieht es dieses Jahr auch.

(Der kleine Tannenbaum schaut sich um.)

Kleiner Tannenbaum: *(freut sich)* Wann kommen sie denn endlich?

Tannenbaum: Du brauchst dir keine Hoffnungen zu machen. Du bist klein und zu dick. Dich wollen sie nicht.

Kleiner Tannenbaum: *(kleinlaut und traurig)* Oh.

Nadelbäume: *(je nach Anzahl)*
– Winter ist geworden.
– Hier und allerorten.
– Kahl sind alle Felder.
– Weiß sind alle Wälder.
– Nun ist es bald soweit.
– Dann kommt die Weihnachtszeit.
– Ein Baum wird ausgewählt.
– Der den schönsten Platz erhält.

(Der Bürgermeister tritt mit den Holzfällern auf.)

Lied:
Für den Marktplatz,
für das Städtchen,
darf der Baum kein kleiner sein.
Groß und mächtig
muss die Tanne,
riesig soll'n die Zweige sein.

Darum schauen wir,
darum suchen
wir in diesem Tannenwald
nach dem Baum,
dem riesengroßen,
Weihnachten ist ja schon bald.

(Sie schauen sich um und gehen in einem großen Kreis um alle Bäume herum. Alle werden kritisch begutachtet, bis der Bürgermeister schließlich vor dem größten stehen bleibt.)

Bürgermeister:	Der ist prächtig, der wird wunderschön geschmückt auf unserem Marktplatz steh'n.
Die Holzfäller:	Der gefällt! Der wird gefällt! Eins , zwei , drei ...

(Der Baumspieler geht einen Schritt nach vorne, wie über eine unsichtbare Schnur, und folgt nun der Gruppe von Baumfällern und Bürgermeister. Diese bilden einen großen Kreis, fassen sich an den Händen, und mit dem sich drehenden Baumspieler in der Mitte gehen sie gemeinsam davon. Die anderen Bäume schauen ihnen hinterher.)

Fichte:	Der hat ein Glück!
Lärche:	Der kommt nicht zurück!

(Nun beginnen sich die Bäume wieder im Wind zu wiegen. Da einer der Bäume fehlt, wird nicht mehr der ganze Vers gesprochen.)

Nadelbäume:	*(je nach Anzahl)* – Winter ist geworden. – Weiß sind alle Wälder. – Nun ist es fast soweit ... – Es kommt die Weihnachtszeit. – Ein Baum wird ausgewählt. – Der den schönsten Platz erhält.

(Der Pfarrer kommt mit einer Gruppe von Holzfällern. Sie schauen sich ebenfalls nach einem schönen Baum um. Wie der vorhergehende Baumfällertrupp suchen sie nun auch eine ganze Zeit lang nach dem passenden Baum.)

Pfarrer und Holzfäller: Für die Messe, für die Kirche
wird ein Bäumchen ausgewählt,
das dann schön geschmückt mit Kerzen
Weihnachten den Raum erhellt.

Beim Altar, neben der Kanzel,
richten wir den Baum dann auf.
Lichterkerzen und Lametta,
Sterne kriegt er obendrauf.

Pfarrer: Der ist groß, der ist schön,
der wird in unsrer Kirche steh'n.

Die Holzfäller: Der gefällt, der wird gefällt.
Eins, zwei, drei …

(Der ausgewählte Tannenbaum wird wie der erste gefällt und in den Kreis der Baumfäller genommen. Sie gehen zusammen ab.)

Lärche: Der hat ein Glück.

Fichte: Wir bleiben zurück.

(Die Bäume wiegen sich im Wind.)

Nadelbäume: *(je nach Anzahl)*
– Winter ist geworden.
– Hier und allerorten.
– Kahl sind alle Felder.
– Weiß sind alle Wälder.
– Nun ist es bald soweit.
– Dann kommt die Weihnachtszeit.
– Ein Baum wird ausgewählt,
– Der den schönsten Platz erhält.

Kleiner Tannenbaum: Kommt denn nun keiner mehr?

Tannenbaum: Das muss man sehen.

Andrer Baum: Das kann man sehen: Dort kommen wieder die Familienväter und -mütter.

(Nun kommt eine große Gruppe von Menschen in den Wald. Es sind Familienväter und -mütter mit Zollstöcken.)

Väter und Mütter: Gradgewachsen,
dichte Zweige,
schön und grün, die Nadeln fein:
Unser Baum,
der darf kein Riese
und soll auch kein Zwerglein sein.

Er muss in die
Wohnung passen,
denn die Decke ist nicht hoch.
Man muss eine Weile suchen,
schließlich findet man ihn doch.

(Sie schauen sich um und schwärmen in den Wald aus, um einen Baum zu finden.)

Ein Vater: Zwei Meter zwanzig!

Eine Mutter: Passt genau!

Ein anderer Vater: Gut gewachsen!

Eine andere Mutter: Und der erst, schau, schau!

Ein anderer Vater: Der ist's, den ich hau!

(Die Menschen gehen mit den Bäumen davon. Nur der kleine Tannenbaum bleibt übrig. Er versucht sich nun alleine zu wiegen.)

Kleiner Tannenbaum: *(alleine)*
Hier und allerorten … äh,
Kahl sind alle Felder.
Weiß sind alle Wälder, äh,
Ein Baum wird nicht gewählt,
ein kleiner Baum, der wo nix zählt.

(Er schaut sich um.)

Kleiner Tannenbaum: Keiner will einen kleinen, schräggewachs'nen Weihnachtsbaum. Es ist ein Jammer, ein Jammer, ein Jammer!

(Er schaut sich noch einmal um.)

Kleiner Tannenbaum: Und dann bin ich auch noch ganz allein. Und frieren tu ich immer noch. Jetzt wo die anderen verschwunden sind, bläst der Wind noch kälter …

(Er lässt traurig seine Zweige hängen. Nun kommt das Mädchen hereingeschritten. Auch sie sucht einen Tannenbaum.)

Mädchen: *(singt oder spricht)*
Ach, ich suche,
doch ich finde
nicht den Baum, der zu mir passt.
Hier nicht, dort nicht, allenthalben,
glaub, ich will verzweifeln fast!

Keine große Riesentanne,
lieber eine klein und dicht,

denn das Bäumchen,
das ich suche,
trägt dann sternenfeines Licht!

(Das Mädchen geht um den kleinen Tannenbaum herum, der sie um Aufmerksamkeit heischend anblickt.)

Mädchen: Es ist hier nur einer da,
doch der gefällt mir wunderbar!
Kommst du mit?

Kleiner Tannenbaum: *(ziert sich zunächst, dann zart)* Oh, ja.

(Die beiden gehen Hand in Hand zusammen weg.)

Lied: Da standen Tannenbäume
und wiegten sich im Winterwind.
Die waren grün und kräftig,
weil sie Nadelbäume sind.

Die Eichen und die Buchen,
die sind schon lange kahl.
Die Blätter, die sie hatten,
die fielen ohne Zahl.

Sie liegen nun am Boden,
und weil's darüber schneit,
drum kann man sie nicht sehen,
so winterlich ist's heut.

Da standen Tannenbäume
und wiegten sich im Winterwind.
Und wartet, wieviel Bäume
gleich nächstes Jahr dort sind.

Feste feiern

Feste feiern
Von C. Kast – 128 S.,
172 Farbfotos, gebunden
ISBN: 3-8068-**4825**-4
Preis: DM 39,90

Schluss mit öden Familienfeiern, Kinderfesten nach Schema F und langweiligen Feiern im Freundeskreis! Dieser freundin-Ratgeber präsentiert eine bunte Palette an originellen Festvorschlägen für Feste in der Wohnung und für Grillpartys, für Kinderfeste und Familienfeiern.

Geburt und Taufe feiern
Von S. Ahrndt – 112 S.,
80 Farbfotos, 46 Farbzeichnungen, kartoniert
ISBN: 3-8068-**1443**-0
Preis: DM 19,90

Ein besonders schöner Anlass, im Familien- und Freundeskreis zusammenzukommen, ist die Feier von Geburt und Taufe. Dieser Ratgeber hilft bei Planung sowie Durchführung und bietet daneben viele andere nützliche Anregungen.

Geburtstagsfeiern für jedes Alter
Von S. Ahrndt – 120 S.,
145 Farbfotos, 28 farbige Zeichnungen, kartoniert
ISBN: 3-8068-**1382**-5
Preis: DM 19,90

Ob Kindergeburtstag oder Geburtstagsparty, ob Geburtstagsfrühstück, Kaffeetafel oder eine Feier mit Arbeitskollegen - mit Hilfe dieses reichbebilderten Ratgebers wird jeder Geburtstag zu einem unvergesslichen Ereignis.

Die neue Glückwunschfibel
Von R. Christian-Hildebrandt
106 S., 34 Zeichnungen, kartoniert
ISBN: 3-635-**60031**-8
Preis: DM 9,90

Dieses Buch enthält eine Vielzahl von Glückwünschen in Versform und in Prosa für die Feste im Laufe eines Jahres.

Glückwunschverse für Kinder
Von B. Ulrici – 112 S.,
26 s/w-Fotos, kartoniert
ISBN: 3-635-**60092**-X
Preis: DM 12,90

Wenn Kinder bei festlichen Anlässen Glückwünsche in Gedichtform vortragen, erfreut ein gelungener Auftritt die Herzen aller Beteiligten. Dieser illustrierte Ratgeber bietet eine Fülle von leicht zu lernenden, klassischen und originellen modernen Versen für jede Gelegenheit.

Kindergedichte für Familienfeste
Von B. H. Bull – 98 S.,
30 Zeichnungen, kartoniert
ISBN: 3-635-**60050**-4
Preis: DM 12,90

Ob zum Muttertag, zum Valentinstag oder zum Nikolaus, dieses Buch bietet mit unzähligen Gedichten einen wertvollen Fundus für Kinder und Erwachsene.

Reden für Familienfeiern
Von G. Kunz
112 S., kartoniert
ISBN: 3-635-**60281**-7
Preis: DM 12,90

Dieser Ratgeber enthält zahlreiche Musterreden zu allen Anlässen und gibt wertvolle Tipps zum Aufbau, Stil und Vortrag.

Stand der Preise 1.1.1998 · Änderungen vorbehalten

Hochzeitsfeste feiern

Wir heiraten
Von S. Lippe, 160 S.,
253 Farbfotos, gebunden
ISBN: 3-8068-**4863**-7
Preis: DM 39,90

Wer eine Traumhochzeit erleben möchte, an die sich alle noch nach Jahren erinnern, der muss rechtzeitig mit der Planung beginnen. Dieser Hochzeits-Ratgeber hilft dabei und bietet zahllose originelle Ideen und Anregungen für Verlobung, Polterabend, standesamtliche sowie kirchliche Trauung.

Hochzeitsfeiern planen und gestalten
Von S. Ahrndt,
128 S., 128 s/w-Fotos,
21 farbige Zeichnungen, kartoniert
ISBN: 3-8068-**1628**-X
Preis: DM 19,90

Dieses reich bebilderte Buch enthält neben organisatorischen Vorschlägen auch viele andere nützliche Informationen wie detaillierte Checklisten für die Terminplanung, Tipps und Anregungen für die Feier, Geschenkideen, Reden und Spiele.

Neue Hochzeitsreden
Von S. Harland
112 S., kartoniert
ISBN: 3-635-**60158**-6
Preis: DM 12,90

Mit diesem Buch kann bei der Hochzeitsrede nichts mehr schief gehen! Eine kleine Redner-Schule gibt viele praktische Rede-Tipps und zahlreiche moderne Musterreden liefern Ideen für Ansprachen zu verschiedensten Situationen und Feiern. Eine Sammlung von Zitaten und Bonmots zum Thema Liebe und Ehe runden das Buch ab.

Die Silberhochzeit
Von K. F. Merkle, 112 S.,
27 Zeichnungen, kartoniert
ISBN: 3-635-**60010**-5
Preis: DM 12,90

Wenn zwei Menschen nach einem Vierteljahrhundert gemeinsam auf den zurückgelegten Weg blicken können, dann muss dieses Ereignis gebührend gefeiert werden. Dieser Ratgeber will das Jubelpaar sowie Freunde und Verwandte dabei unterstützen.

Spiele für Hochzeitsfeiern
Von E. und H. Bücken
120 S., durchgehend vierfarbig, kartoniert
ISBN: 3-8068-**1530**-5
Preis: DM 19,90

Wer seine Feste – sei es Polterabend, grüne Hochzeit oder all die anderen Hochzeitstage – durch Spiele auflockern will, der findet in diesem Buch viele Vorschläge für außergewöhnliche, witzige oder auch besinnliche Aktivitäten.

Hochzeitszeitungen
Von Y. Tahlheim, 80 S.,
160 zweifarbige Abbildungen, kartoniert
ISBN: 3-8068-**1379**-5
Preis: DM 19,90

Dieser Ratgeber liefert eine Fülle von Ideen und beantwortet alle Fragen, die bei der Herstellung einer Hochzeitszeitung auftauchen. Alle Zeichnungen des Buches können herauskopiert und so unmittelbar übernommen werden.

Mutter und Kind

Mein Kind ist krank – so hilft die Natur
Von Dr. med. H. Wachtl,
160 S., 101 Farbfotos,
gebunden
ISBN: 3-8068-**4761**-4
Preis: DM 39,90

Von der Familienplanung bis zum Schulbeginn reicht die Themenpalette dieser Ratgeberreihe für Eltern und solche, die es werden wollen. Schwerpunkte sind Schwangerschaft und Geburt, Pflege, Entwicklung und Erziehung.

Weitere FALKEN ElternRatgeber:

1254-3	Ich bekomme ein Baby
4884-X	Das erste Jahr mit dem Baby
0531-8	Das Babybuch
1034-6	Babyfitness
1612-3	Mein Baby entdeckt die Welt
4953-6	Was Dein Kind Dir sagen will
1874-6	Das Geschwisterchen kommt
1875-4	Ein Kind bekommen nach 35
7316-X	Wenn Kinder krank werden
1614-X	Mein Kind muß ins Krankenhaus
1773-1	Bach-Blüten für mein Kind
1646-8	Mein Kind hat Neurodermitis
1613-1	Keine Angst vor Trotzköpfen
1615-8	Das hyperaktive Kind
1423-6	Schwangerschaftsgymnastik und Geburtsvorbereitung
1651-4	Yoga während der Schwangerschaft
1470-8	Rückbildungsgymnastik

Die Kunst des Stillens
Von Prof. Dr. med. E. Schmidt,
S. Brunn, 110 S.,
6 s/w-Fotos, 11 Zeichnungen,
kartoniert
ISBN: 3-635-**60084**-9
Preis: DM 14,90

Durch Stillen können Sie Ihr Kind gesund und natürlich ernähren. Dieser kompetente Ratgeber gibt praktische Anleitungen und Gesundheitstipps für werdende und bereits stillende Mütter.

Unsere schönsten Vornamen
Von A. F. W. Weigel, 144 S.,
45 s/w-Zeichnungen, kartoniert
ISBN: 3-635-**60372**-4
Preis: DM 14,90

Der Ratgeber hilft Ihnen bei der Auswahl der schönsten Namen für Ihr Baby und gibt Tipps, worauf bei der Namenswahl zu achten ist. Außerdem erhalten Sie Informationen über den Ursprung und Bedeutung der Namen sowie fremdsprachige Namensformen.

Rückbildungsgymnastik
Von H. Höfler, 112 S.,
97 s/w-Fotos, kartoniert
ISBN: 3-635-**60062**-8
Preis: DM 12,90

Was geschieht im Körper der Mütter in den ersten Wochen nach der Geburt? Dieses Buch gibt Antwort auf diese Frage und das abwechslungsreiche Übungsprogramm zeigt, wie jede Frau durch eine gezielte Gymnastik die Rückbildungsprozesse ihres Körpers fördern kann.

Stand der Preise 1.1.1998 · Änderungen vorbehalten

Mensch und Gesundheit

Die Heilkraft der Pflanzen
Von S. Poth – 208 S.,
194 Farbfotos, gebunden
ISBN: 3-8068-**4862**-9
Preis: DM 39,90

Vorgestellt werden etwa 100 Heilpflanzen mit botanischer Beschreibung, Inhaltsstoffen, Einsatzmöglichkeiten und Besonderheiten. Die einzelnen Pflanzen sind den Krankheiten zugeordnet – der medizinische Laie findet sofort die für ihn relevanten Pflanzen.

Neurodermitis
Von Prof. Dr. med. Dr. phil. S. Borelli, Prof. Dr. med. J. Rakoski
136 S., 6 s/w-Fotos, 10 s/w-Zeichnungen, kartoniert
ISBN: 3-8068-**1649**-2
Preis: DM 24,90

Viele Menschen leiden unter Neurodermitis. Da es verschiedene Auslöser gibt, haben zahlreiche Betroffene bereits fehlgeschlagene Therapieversuche hinter sich. Dieses Buch hilft ihnen und ihren Angehörigen, den individuell richtigen Umgang mit der Erkrankung zu erlernen.

Rückenschmerzen
Von G. Leibold – 112 S.,
zweifarbig, 30 Zeichnungen, kartoniert
ISBN: 3-635-**60059**-8
Preis: DM 14,90

Haben Sie auch Rückenschmerzen? Dieser Ratgeber beschreibt die Ursachen, erklärt allgemein verständlich die Krankheitsbilder und informiert über natürliche Heilweisen.

Heilen und vorbeugen mit Wein
Von Dr. med. F.-A. Graf v. Ingelheim, I. Swoboda, 96 S., 46 s/w-Zeichnungen, kartoniert
ISBN: 3-635-**60311**-2
Preis: DM 14,90

Im Wein ist Gesundheit! Das wußten schon die alten Griechen. Auch Wissenschaftler haben die lebensverlängernde und vorbeugende Wirkung des Rebensaftes bewiesen. Dieser Ratgeber fasst die Anwendungen und Wirkungen der wohlschmeckenden Medizin zusammen.

Autogenes Training
Von R. Faller – 110 S.,
3 s/w-Zeichnungen, kartoniert
ISBN: 3-635-**60009**-1
Preis: DM 9,90

Durch autogenes Training haben bereits Millionen Menschen zu mehr Lebensfreude und Selbstsicherheit gefunden. Die in diesem Buch dargestellten Übungen führen stufenweise zur positiven Beeinflussung der seelischen Haltung und zu völliger Entspannung.

Fußsohlenmassage
Von G. Leibold – 96 S.,
73 Zeichnungen, kartoniert
ISBN: 3-635-**60036**-9
Preis: DM 11,90

In China entdeckte man schon vor Tausenden von Jahren, dass zahlreiche Zonen des Fußes in einer besonderen Art reflektorischer Beziehung zum übrigen Körper stehen. In diesem praxisorientierten Ratgeber erfahren Sie, wie Sie die heilsamen Wirkungen der Fußmassage für sich selbst nutzen können.

FALKEN TaschenBuch

FALKEN

Stand der Preise 1.1.1998 · Änderungen vorbehalten

Natürlich heilen

Natürlich entgiften mit der Öl-Zieh-Kur
Von I. Hammelmann, 80 S.,
10 s/w-Fotos, kartoniert
ISBN: 3-635-**60391**-0
Preis: DM 10,90

Das „Kauen" von hochwertigem Sonnenblumenöl dient der Entgiftung des Körpers und trägt dazu bei, die Abwehrkräfte zu stärken. Wie das Ölkauen funktioniert und welche Naturheilmethoden die positive Wirkung der Ölkur unterstützen, erläutert dieser Ratgeber.

Apfelessig, Kräuteressig & Co.
Von R. Knoller, 96 S.,
24 s/w-Fotos, kartoniert
ISBN: 3-635-**60378**-3
Preis: DM 12,90

Essig ist eines der ältesten und bewährtesten Heilmittel der Menschheit. Dieses FALKEN TaschenBuch zeigt Ihnen, wie vielseitig die zahlreichen Essigsorten in der inneren und äußeren Anwendung sind.

Grapefruitkernextrakt für Gesundheit und Kosmetik
Von R. Knoller, 80 S.,
10 s/w-Fotos, kartoniert
ISBN: 3-635-**60379**-1
Preis: DM 12,90

Der Grapefruitkern-Extrakt wirkt antibakteriell und tötet Viren ab, er ist vielseitig einsetzbar für die Gesundheits- und Schönheitspflege und bietet eine ideale Ergänzung jeder Hausapotheke. Dieser Ratgeber informiert Sie über die gesamten Anwendungsmöglichkeiten des Extrakts.

Die sagenhafte Heilkraft der Papaya
Von H. W. Tietze, 80 S.,
12 s/w-Fotos, kartoniert
ISBN: 3-635-**60396**-1
Preis: DM 12,90

Schon lange ist den Naturvölkern die Heilkraft der Papaya bekannt. Sie wirkt gegen Infektionen, als Beruhigungs- und Stärkungsmittel. Auch bei Krebserkrankungen wird ihr heilende Wirkung nachgesagt. In diesem Ratgeber erfahren Sie mehr über die Papaya und ihr Konzentrat.

Teebaumöl für Gesundheit und Schönheit
Von S. Poth, 80 S.,
10 s/w-Fotos, kartoniert
ISBN: 3-635-**60344**-9
Preis: DM 12,90

Teebaumöl wird wegen seiner guten Wirksamkeit geschätzt, es ist vielseitig und gut verträglich. Dieses FALKEN TaschenBuch beschreibt fundiert die verschiedenen Therapien und die Anwendungen in der alltäglichen Körperpflege.

Grüner Tee
Von C. Teufl, 80 S.,
40 Farbfotos, kartoniert
ISBN: 3-635-**60150**-0
Preis: DM 14,90

Grüner Tee ist ein feiner und zugleich heilsamer Genuss. Dieser Ratgeber stellt die verschiedenen Grünteespezialitäten vor und informiert Sie über die richtige Zubereitung, die Inhaltsstoffe und die Heilwirkungen.

FALKEN TaschenBuch

Stand der Preise 1.2.1998 · Änderungen vorbehalten